丁冯村志

DING FENG CUN ZHI

泰州市海陵区城东街道丁冯村志编纂委员会 编

南京出版传媒集团 南京出版社

图书在版编目（CIP）数据

丁冯村志 / 泰州市海陵区城东街道丁冯村志编纂委员会编. -- 南京 : 南京出版社, 2024. 11. -- ISBN 978-7-5533-4981-7

Ⅰ. K295.35

中国国家版本馆 CIP 数据核字第 2024RC8324 号

书　　名　丁冯村志
作　　者　泰州市海陵区城东街道丁冯村志编纂委员会
出版发行　南京出版传媒集团
南 京 出 版 社

社址：南京市太平门街53号　　邮编：210016
网址：http://www.njcbs.cn　　电子信箱：njcbs1988@163.com
联系电话：025-83283893、83283864（营销）　025-83112257（编务）

出 版 人　项晓宁
出 品 人　卢海鸣
责任编辑　徐　辰
责任印制　杨福彬
装帧设计　孙睿静

制版印刷　南京凯德印刷有限公司
开　　本　787毫米×1092毫米　1/16
印　　张　12.25
字　　数　205千字
版　　次　2024年11月第1版
印　　次　2024年11月第1次印刷
书　　号　ISBN 978-7-5533-4981-7
定　　价　120.00元

用微信或京东APP扫码购书

用淘宝APP扫码购书

序

丁冯村有丁家铺、冯家河、洪家垛、仓家垛、梅家垛、刘家垛、陈家垛7个自然村落。新通扬运河、卤汀河流淌其间，海陵北路、宁启铁路穿境而过。区位优势明显，交通十分便利，距泰州火车站、扬州泰州国际机场分别只有10分钟、30分钟车程。丁冯村先祖从苏州阊门来此落脚立户，繁衍后代，用智慧和汗水艰苦奋斗，创造了今天的幸福生活。2023年，丁冯村被确定为江苏省特色田园乡村试点，为策应特色田园乡村建设，丁冯村成立修志小组，编纂《丁冯村志》，通过志书这一独特文化载体诠释乡村文化的精华，留住乡村文化的根脉，以最完整、最原真的方式呈现村落的前世今生，让人们难以割舍的乡愁得以慰藉和释放。

这是一项“白手起家的文化工程”，一切都要从零开始。他们日复一日、年复一年，发动老干部、老党员进宅入户找熟知情况的人访谈，再将访谈整理成一篇篇文稿；他们一次次去图书馆、档案馆翻阅大量尘封的资料，四处寻找留有丁冯印记的实物和老照片，反复进行筛选、分类、整理；他们人手少、工作量大，不知疲倦、不懈努力，付出大量心血，克服众多困难。近20万字的《丁冯村志》终于付梓，这是《丁冯村志》编纂人员集体奋斗的结晶，是当代丁冯人做成的一件告慰祖先、不负子孙的大好事，也是丁冯村有史以来重要的文化成果之一。

打开《丁冯村志》，犹如开启了一扇窗，让更多的人从志书中品味丁冯的田园诗意和乡村魅力；翻阅《丁冯村志》，仿佛展开了一幅美丽的画卷，丁冯的特色种植、工业风采、人文景观跃然纸上。《丁冯村志》充分展示了今昔丁冯的风土人情。阅览《丁冯村志》，你可以看到一排排蔬菜大棚和农户忙碌的身影，你可以听到潺潺的水流声、工厂里机器的轰鸣声以及村民建房打夯的号子声，你可以闻到田间蔬菜的清香和豆腐坊散发出来的芳香。读罢村志，掩卷长思，倍感亲切温馨。

《丁冯村志》是我村编纂人员不慕名利、辛勤劳动的成果，是村庄文化建设结出的丰硕果实。我谨代表村党总支、村委会向他们表示崇高的敬意，同时也向所有关心支持《丁冯村志》编纂工作的史志部门、街道党工委办事处和社会各界人士致以诚挚的感谢。

新时代，新征程，丁冯村将以党的二十大精神为指引，奋力谱写乡村振兴的新篇章。

海陵区城东街道丁冯村总支部委员会书记
海陵区城东街道丁冯村村民委员会主任　冯建国

2024年8月

《丁冯村志》编纂委员会

（按姓氏笔画排序）

主　任　冯建国

副主任　周粉根

委　员　丁　洁　丁卫华　丁红霞　丁学兵　马永才　陆云飞

周　华　洪　磊　姚　静　曹　琴

《丁冯村志》编辑部

（按姓氏笔画排序）

主　　编　徐　奎

执行主编　马　骏

编　　辑　丁筛红　丁筛宝　冯淦寿　刘凤盛　姚志贤　梅荣宝

图片提供　丁卫华　洪　磊　曹　琴

终审单位：泰州市海陵区党史方志办公室

终审人员：蔡　清　王顺国　易楠希　谈得平　朱　骍

验收单位：泰州市海陵区党史方志办公室

验收人员：蔡　清　王顺国　易楠希　谈得平　朱　骍

批准出版单位：中共泰州市海陵区委城东街道工作委员会

泰州市海陵区人民政府城东街道办事处

凡例

一、以马克思列宁主义、毛泽东思想、邓小平理论、“三个代表”重要思想、科学发展观、习近平新时代中国特色社会主义思想为指导，坚持辩证唯物主义和历史唯物主义，客观记述泰州市海陵区城东街道丁冯村发展变化的历史与现状，发挥志书记录历史、传承文化、服务发展、激发爱国爱乡情怀的独特作用。

二、记述上限追溯至事物发端，下限至2023年。记述内容详今明古，侧重反映时代特色和地方特点，体现丁冯村的“名”与“特”。

三、记述地域范围以2023年丁冯村区域为主，如涉及历史变迁，则适当记载。

四、采用纲目体，设类目、分目、条目3个层次，运用述、记、志、传、图、表、录等体裁，以志为主。

五、1912年以前采用朝代年号纪年，括注公元纪年，自1912年1月1日起使用公元纪年。

六、数据以统计部门提供的数据为准。统计部门未提供数据的，以相关部门提供的数据为准。

七、计量单位和数字的使用，执行国家新闻出版相关规定，原则上使用法定计量单位。历史上使用的计量单位以及地名、机构名称，则如实记载。

八、人物传略记载已故人物，人物简介收录村内有重大影响力和贡献的在世人物，均按生年排序。人物履痕收录有重要影响的客籍人物在本地的活动片段。人物名录收录区级以上先进模范人物。

九、本志所用资料来自相关文献、档案，均经核实，不再注明出处。所用照片均为丁冯村志编纂委员会提供，不再注明摄制者。

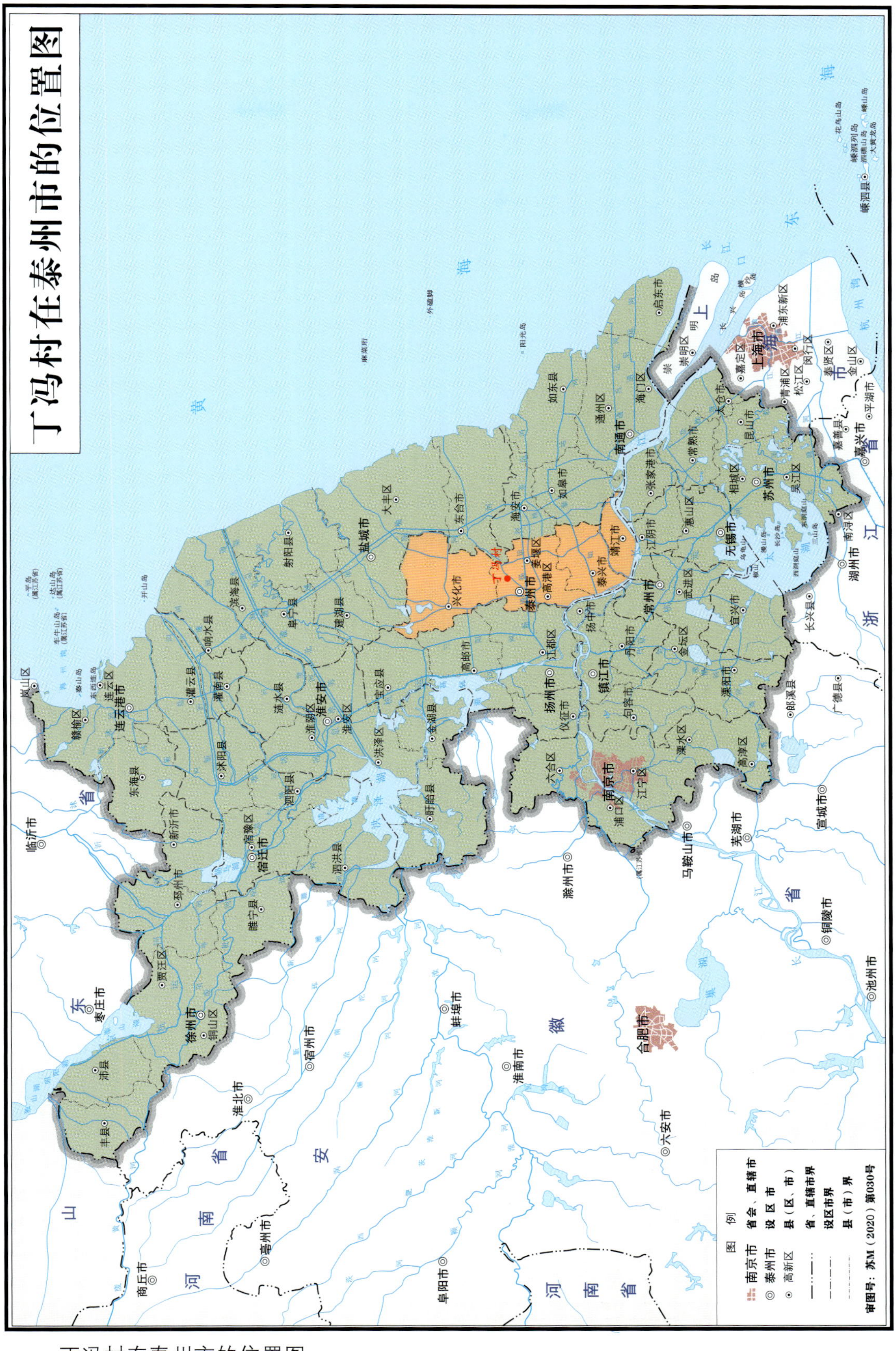

丁冯村在泰州市的位置图

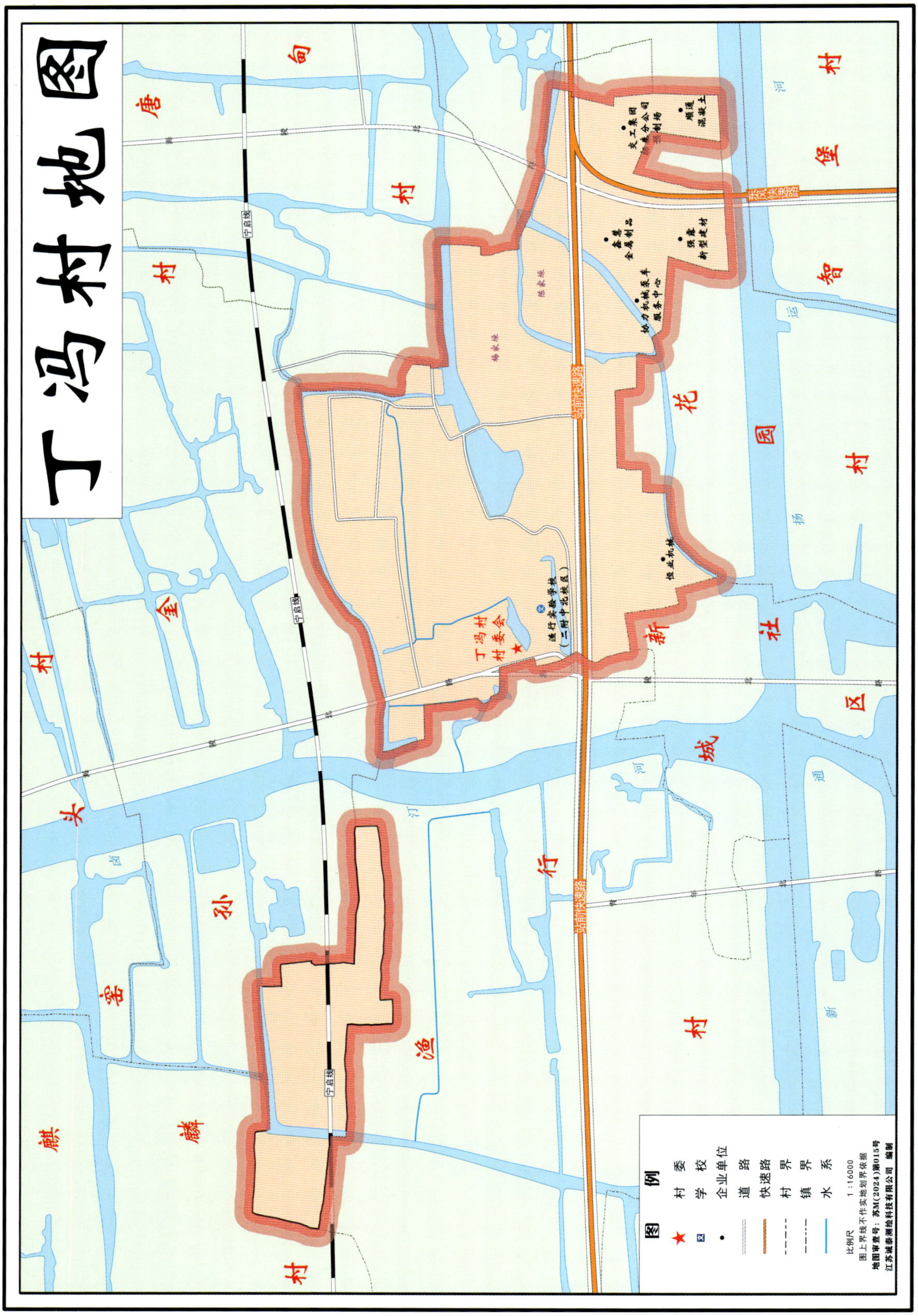
丁冯村地图
丁冯村
村委会
站前快速路
宁启线
图例
村委
学校
企业单位
道路
快速路
村界
镇界
水系
比例尺　1:16000
图上界线不作实地划界依据
地图审查号：苏M(2024)第015号
江苏诚泰测绘科技有限公司 编制

丁冯村地图

丁冯村主要荣誉

江苏省水美村庄

江苏省民主法治示范村

江苏省管理民主示范村

江苏省农村财务管理先进单位

江苏省新农村新家庭计划示范村

江苏省第一批宜居宜业和美乡村

江苏省现代高效农业“三八”示范基地

江苏省基层计划生育协会“省级示范会员之家”

泰州市文明村

泰州市和谐社区

泰州市康居示范村

泰州市特色田园乡村

泰州市“一村一品”示范村

泰州市全面小康建设示范村

泰州市全面小康建设先行村

泰州市强富美高新农村建设示范村

泰州市千名科技专家兴农富民工程先进单位

丁冯全貌

丁冯全貌

水韵杉林步道

盐河风光

盐河雪景

居民集中居住区

东渔场工业区

大棚蔬菜种植基地

丁冯村综合文化活动中心

丁冯村股份经济合作社股民代表大会

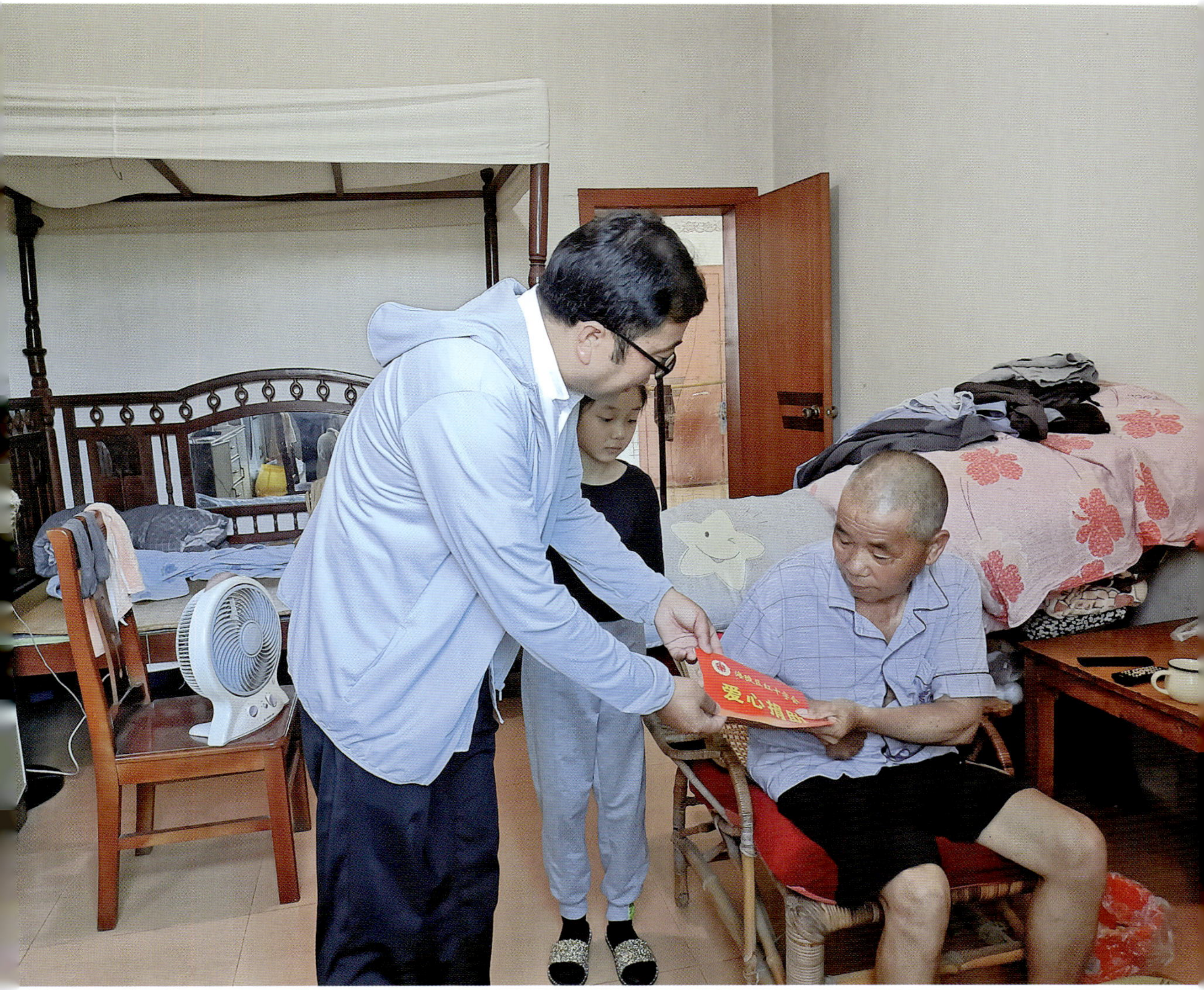

慰问老党员

儿童游乐场

目　录

概　述

丁冯村位于泰州市海陵区北郊，人称“凤尾古村”。明朝初年，丁、冯、马三大姓氏首先从苏州阊门迁居到此。1927年，泰县港口区设丁铺乡，辖丁家铺等村落。1934年，港口区区划调整，设唐丁乡，管辖丁家铺、冯家河等18个村落。1950年，丁家铺、冯家河、洪家垛、仓家垛合并命名为丁冯村。1954年11月，丁冯村划归泰州市下坝区新城乡管辖。1958年至2000年，丁冯村在区划调整中先后隶属九龙人民公社、泰州人民公社、洋桥人民公社和东郊乡。2001年，刘垛村与丁冯村合并，新建丁冯村。2005年，东郊乡撤并，丁冯村隶属城东街道。

丁冯村东与唐甸村相连，南与花园村毗邻，西与渔行社区接壤，北与孙金村以泰朱路一号桥河分界。2023年，村域面积2.85平方千米，全村有丁家铺、冯家河、洪家垛、仓家垛、梅家垛、刘家垛、陈家垛7个自然村落，14个村民小组，796户，常住人口2446人，耕地面积842亩。村民参加农村社会养老保险和农村新型合作医疗保险，参保率均为100%。村集体收入808.25万元，人均纯收入3.2万元。

产业融合发展

丁冯村属里下河平原地区，四季分明，降水充沛。丁冯村民世代靠种田为生，种植水稻、三麦、油菜、大豆、西瓜、高粱等。

改革开放后，丁冯村通过推行家庭联产承包责任制，调动村民生产积极性。20世纪80年代初，丁冯村开始搭建大棚，规模种植反季节蔬菜。1995年，建成泰州市高标准蔬菜种植示范区。现有钢架大棚600多亩，年经济效益4950万元。

丁冯村办工业起步晚、发展快、规模大，在海陵区村办工业中独树一帜。至2023年年底，村工业园区内有企业26家，规模以上企业1家，产值千万元以上的有4家。村工业收入202万元。丁冯村抓住机遇发展三产，通过项目合作（合办泰州市北郊蔬菜批发市场，合办泰州墓园），规模化经营、专业化服务，带领农民实现共同富裕，将一个有名的“顶穷村”发展成海陵区乡村经济发展行政村中的“最富村”。

生态环境宜居

随着集体经济的发展壮大，丁冯村两委班子坚定带领村民走乡村振兴路子的信心。他们规划村庄主干道，先建造4座钢筋水泥桥，再建成长950米的水泥大道。村庄道路全部实现硬质化，在主干道上全部安装路灯。村民100%用上清洁卫生的长江水，连接了电视网络，村内新建水冲厕所10座，投放垃圾箱36处，疏浚河沟900米，清淤6000多立方米，河塘保洁率100%。居民新区雨污分流，天然气管网进村入户，45户居民用上管道天然气。原田间机耕路拓宽为6米的水泥大道，解决了消防通道的问题。村内有20处停车场，近300个车位，整个村庄树木覆盖率达25.56%。2023年年底，建成小浮罗山健身广场、杉林步道、沿街特色商铺等景点，形成了旅游、观光、休闲、采摘、垂钓等一体化的乡村旅游产业链。

乡风淳朴文明

2017年、2023年，丁冯村先后建成2处百姓大舞台，用于惠民演出活动，村民自发组建舞龙队、腰鼓队、舞蹈队等文艺演出队，有健身场地4处。2021年，占地面积6000平方米的渔行学校旧校舍被改建为丁冯村党群服务中心，办公楼面积2000平方米。中心内功能齐全，可满足各类群众文化、便民、养老、教育、助老等服务需求。

丁冯村高度重视农村精神文明建设工作，运用道德讲堂、美德善行榜评选等活动，营造“我为人人，人人为我”的良好社会风尚。2018年起，“道德讲堂”累计开讲24场，评选“文明家庭”48户，其中区级6户，最美庭院120户，评选道德模范20多人。组织党员和志愿者参加志愿服务活动，50余名志愿者开展志愿服务活动60多场次。舞蹈队、腰鼓队、舞龙队，每年参加各类演出10多场次。在春节、元宵节、三八妇女节、六一儿童节、端午节、重阳节等节日常态化开展各类接地气的文体活动。2019年，丁冯村讨论通过《村规民约》，在此基础上延伸制定“门前三包”考核制度“田间三包”考核制度，分季度考核，按照考核情况发放奖励金。经过多年实践，村容村貌焕然一新。

生活富裕幸福

新农村建设提高了村民的获得感和幸福感。村委会每年为60周岁以上老人免费办理意外伤害险，村民作为股民，每人每年平均可以得到300元分红，60周岁以上老人每年可享受400—1000元尊老金。2011年，康馨养老中心建成，可接纳70多位老人接受全面的健康护理服务。2023年，丁冯村建设了3处居家养老服务站，1处村民公共服务中心。1986—2023年年底，丁冯村统筹安排村民住宅区7处，为204户村民落实宅基地。新区建筑格调高雅、屋舍俨然，配套设施齐全。老区外墙粉刷一新，彩色绘画展现一派幸福祥和的气氛。

2023年，丁冯村组织规划设计，突出“凤尾盐韵”主题，全力推进产业类、环境类、文化类等21个公共服务基础设施项目建设，总投资2671.8万元，着力打造以绿色无公害蔬菜为产业特色，以红色文化、盐韵文化为核心，以田园聚落为风貌，以民富村强为最终目标的特色田园乡村。

2000—2023年，丁冯村先后获得“泰州市文明村”“泰州市康居示范村”“泰州市全面小康建设先行村”“泰州市特色田园乡村”“江苏省水美村庄”“江苏省民主法治示范村”“江苏省新农村新家庭示范村”“江苏省第一批宜居宜业和美乡村”等荣誉称号。

大 事 记

清代

同治五年（1866）

村民马常山创办造船厂。

宣统年间

开办万家豆腐坊。

中华民国

1927年

泰县港口区设丁铺乡，管辖丁家铺、南仓垛、北仓垛、黄家垛、顾家垛、孙家垛、梅家垛、陈家垛、朱家垛。

1934年

泰县港口区设唐丁乡，管辖境域丁家铺、冯家河、洪家垛、仓家垛等。

1939年

陈宗实开设私家诊所。

1942年

丁兆亮、丁荣安合办泰北浴室。

1947年

冯茂德创办磨坊。

丁兆金、丁兆银、丁兆玉三兄弟开办油坊。

中华人民共和国

1950年

冯文明任唐丁乡指导员，丁兆宜任副乡长，丁家铺和冯家河、洪家垛、仓家垛合并，命名为丁冯村。

1951年

泰县港口区区划调整，丁冯村隶属窑头乡。冯文明任支部书记。

1954年

窑头乡选举委员会成立，冯文明、丁兆文、马月秋当选窑头乡政府委员。

11月，丁冯村划归泰州市下坝区新城乡。

1955年

12月，丁冯高级社成立，下设农业组从事农业，工业组从事造船业。

1956年

丁冯高级社解散，工业组划归渔行居委会。

1958年

丁冯大队党支部委员会成立，党员4人，丁兆文任党支部书记。

1959年

沙长松创办酱厂，马尧创办养猪场，因经营不景气，两年后全部关停。

1960年

王哲怀开办当地第一家私塾。

1961年

姚玉桓开办当地第二家私塾。

1965年

丁冯村在尼姑庵开办学校，隶属渔行小学。

1968年

丁冯村接通电源，全村仅有1台100kVA容量的变压器。

丁冯大队革命委员会成立。

1969年

组建农村合作医疗站，洪阿荣、姜和英、徐怀仁任赤脚医生。

1972年

境域办起粮食加工厂、挂面厂。

1977年

丁冯大队部安装电话。

1980年

泰州市政府批准丁冯大队推广季节性蔬菜种植。

1981年

开展首轮土地承包试点。

1983年

全面实行家庭联产承包责任制。

10月，丁冯大队改称丁冯村，成立丁冯村民委员会。

1984年

村民秦龙章创办雅泉浴室。

泰渔公路建成通车，丁冯村有了连接主城区的交通干道。

1985年

接通泰州主城区自来水管网。

1986年

建成第一条贯通全村的硬质化道路，东西走向，长950米，宽3—4米，先后建成4座钢筋水泥大桥。

1988年

3月，丁冯村经济合作联社成立。

1989年

6月，成立丁冯水电管理服务站。

7月，组建丁冯农业科技服务队。

8月，丁尔定、杨如德合资兴建北郊剧场。

1990年

村民丁灯桂安装丁冯村第一部私人电话。

3月，丁冯村工业办公室成立。

1991年

泰州市建材电子设备厂引进外资，组建中外合资慧能自控工程有限公司。

丁冯村遭受洪涝灾害，全村一片汪洋，只剩部分高处庄台未曾受淹。

1992年

2月，成立泰州市北陵综合经营公司，法人代表丁年宝，注册资金30万元，在市区大商场内开设4处电器门市部。

5月，全村农户大棚蔬菜种植水电费全部由村集体承担。

7月，丁冯村与泰州市蔬菜公司、新城村合办泰州市北郊蔬菜批发市场。

1993年

丁冯村工业总产值过千万元，利税过百万元。

1994年

10月，江苏省民政厅批复同意丁冯村与泰州市民政部门合作创办泰州墓园。

创办渡江造船厂。

1995年

9月，泰州市政府规划用地500亩，在丁冯大河南地域建成泰州市高标准蔬菜种植示范区。

建成四层丁冯商品楼，总建筑面积2400平方米。

1996年

东郊乡水产养殖一场交给丁冯村托管。

1998年

丁冯村民代表大会成立，村民代表24人。

丁冯村开展二轮土地承包。

2020年

4月，海陵区委组织部安排村第一书记徐奎驻村工作。

2001年

4月，接通长江水，村民用上消毒净化处理的自来水。

4月，原朱庄乡刘垛村与原东郊乡丁冯村合并，组建新的丁冯村。

2002年

整合原朱庄砖瓦厂、原东郊水产养殖场土地资源，规划建成丁冯工业小区。

2003年

新通扬运河拓宽后，原朱庄砖瓦厂附近田块小河为积土区，形成新的工业用地。

2005年

9月30日，海陵区行政区划调整，原东郊乡与城东街道合并，丁冯村隶属新的城东街道。

2006年

丁冯村7组农村土地宅基地面向社会公开拍卖，建成37栋别墅。

6月，丁冯村部从泰朱路10号搬迁至泰朱路119号。

7月，引进东方食品厂，企业法人代表戚根森为泰州“嵌桃麻糕”非物质文化遗产传承人。

9月，丁家沟河道清淤驳岸工程竣工。

2007年

9月，举行换届选举，丁冯村党支部改建为丁冯村党总支。

10月，编制丁冯村村庄规划。

11月，村庄内建成21座垃圾池。

12月，蔬菜种植专业户开始搭建钢架大棚。

2008年

3月，取缔露天粪缸，推广新建三格式卫生厕所。

2009年

12月，海陵区委组织部安排大学生村官陈媛驻村工作。

12月，在仓家垛建成第一个村民健身游乐园。

2010年

10月，康馨养老中心建成运营，拥有70多张床位，入住老人可以接受全面的健康护理服务。

12月，拆除原朱庄砖瓦厂。

2012年

3月，宁启铁路二期工程征用大河西40多亩土地。

4月，泰州市海陵区丁冯戏曲艺术团成立。

5月，丁冯蔬菜种植农民专业合作社成立。

10月，在7组土地上又建成26栋别墅，形成全村最大别墅区。

11月，9组田间新建防洪闸，打通丁冯村南北水系。

2013年

10月，省菜篮子工程落户丁冯村，总投资900万元，大河南和大河西开始兴建和改造路、渠、电、钢架大棚。

2014年

1月，农民专业合作社建成900平方米的农资仓库。

3月，丁冯蔬菜种植农民专业合作社服务中心启用。

2015年

3月，总投资145万元，新建和改造三格式厕所343座、水冲式公厕10座，投放垃圾箱36处。

2016年

4月，丁冯村10组、11组因354省道建设，搬迁34户。

8月，站前快速路安置开工建设，建成第一个雨污分流居住区。

11月，投资60多万元，疏浚河沟900米，清淤6000多立方米，河塘保洁率达100%。

2017年

4月，建成丁冯村泰朱路沿线停车场。

9月，在刘垛建成百姓大舞台。

年底，村庄绿化覆盖率达25.56%。

2018年

3月，为全村80岁以上老人集中祝寿。

10月，新建小河南农用水泥桥2座。

2019年

8月，村民代表大会通过新的《村规民约》。

9月，开展造船业整治，拆除渡江船厂。

10月，新建洪垛、仓垛两处停车场。

2020年

7月，成立丁冯村股份经济合作社。

12月，村委会举行换届选举，村干部任期由3年改为5年，村委会主任由党总支书记兼任。

2021年

2月，354省道、站前高架通车，连通丁冯村主要干道，大大缩短到泰州火车站和扬州泰州国际机场的时间。

6月，盘活渔行小学校区，新建丁冯村党群服务中心。

12月，村生活污水治理PPP工程项目完成。

12月，建成梅垛休闲广场。

2022年

7月，《丁冯村村庄规划》通过泰州市政府审批。

7月，村部搬迁到新的党群服务中心。

9月，丁冯村陈家垛集中居住区16户别墅开工建设。

2023年

2月，成立泰州市丁冯毅辉物业服务有限公司。

6月，泰州城区天然气管网连接至丁冯村，45户村民用上天然气。

11月，小罗浮山健身游园竣工，水韵杉林步道建成。

12月，仓垛至站前快速路道路黑色化改造完成。

12月，面积600平方米的乡村大礼堂动工兴建。

第一篇　村情概览

丁冯村地处泰州市海陵区北郊，隶属城东街道，地势平坦，水网密布。2003年，村域面积2.85平方千米，耕地面积842亩，高效设施蔬菜种植面积550亩，常住人口2446人。工业发展迅猛，已形成三个企业集群，三产经济也同步增长，先后获得“泰州市文明村”“泰州市全面小康建设示范村”“江苏省水美村庄”“江苏省第一批宜居宜业和美乡村”等称号。

历史沿革

村名由来

明朝初期，丁冯祖先从苏州阊门迁居到此。随着时代变迁，人口不停地繁衍生息。由于河道纵横，交通不便，丁氏家族萌生了制造木船的想法，他们合伙开办了一个造船铺、一个铁匠铺。久而久之，这里被人们称为“丁家铺”，并从此成为境域最古老的村名。直到1950年，丁家铺和冯家河、洪家垛、仓家垛合并，才有了现在的村名——丁冯。

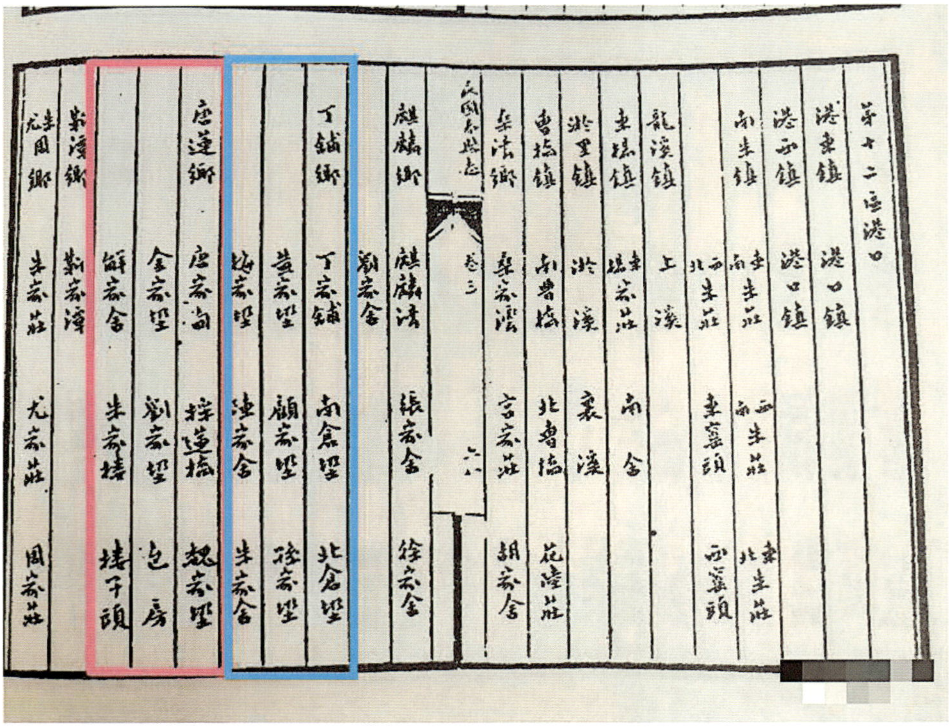
第十二區港口
港東鎮 港口鎮
港西鎮 港口鎮
南生鎮 東南生莊 西南生莊 東北生莊
西北生莊 東墓頭 西墓頭
龍溪鎮 上溪
東壩鎮 東壩家莊 南舍
淤里鎮 淤溪 襄溪
曹橋鎮 南曹橋 北曹橋 花陸莊
桑法鄉 桑家灣 宫家莊 胡家舍
民國泰縣志 卷三 六八
麒麟鄉 麒麟港 張家舍 徐家舍
劉家舍
丁鋪鄉 丁家鋪 南倉埕 北倉埕
黃家埕 顧家埕 徐家埕
姚家埕 陳家舍 朱家舍
唐蓮鄉 唐家向 採蓮橋 魏家埕
金家埕 劉家埕 包房
解家舍 朱家橋 橋子頭
新溪鄉 新家潭
朱固鄉 朱家莊 尤家莊 周家莊

1929年泰县地图册关于“丁家铺”的记载

1946年泰县地图（局部）中的“唐丁乡”

建置区划

1927年，泰县划分为15个区，港口区为泰县第十二区，下设7个区属镇和23个区属乡，其中丁铺乡管辖境域丁家铺、南仓垛、北仓垛、黄家垛、顾家垛、孙家垛、梅家垛、陈家垛、朱家垛。

1934年，港口区改为泰县第九区，设唐丁乡，管辖丁家铺。1935年，乡镇以下推行保甲制，丁银山、丁正亮、丁亚荣先后任丁家铺保长，洪开文、张瑞斓任冯家河、洪家垛保长。

1949年4月，泰州解放，唐丁乡人民政府成立，钱震山为首任乡长，朱秀英任指导员。丁家铺村隶属唐丁乡。

1950年，丁冯人冯文明任唐丁乡指导员，丁兆宜任唐丁乡副乡长，丁家铺村与冯家河、洪家垛、仓家垛合并，改名为丁冯村。1951年，港口区区划调整，丁冯村隶属泰县港口区窑头乡。1954年11月，丁冯村划归泰州市下坝区新城乡管辖。1958年，人民公社成立，丁冯大队先后隶属九龙人民公社、泰州人民公社、扬桥人民公社、东郊人民公社。1958年下半年，丁冯大队党支部委员会成立。1968年，丁冯大队革命委员会成立。1983年，公社改乡，原东郊人民公社改为东郊乡人民政府，丁冯大队改为丁冯村，成立丁冯村民委员会，下辖9个村民小组。2001年，朱庄乡10个村划归东郊乡，原丁冯村与刘垛村合并成新的丁冯村，下辖14个村民小组。2005年，东郊乡撤并，丁冯村隶属城东街道。

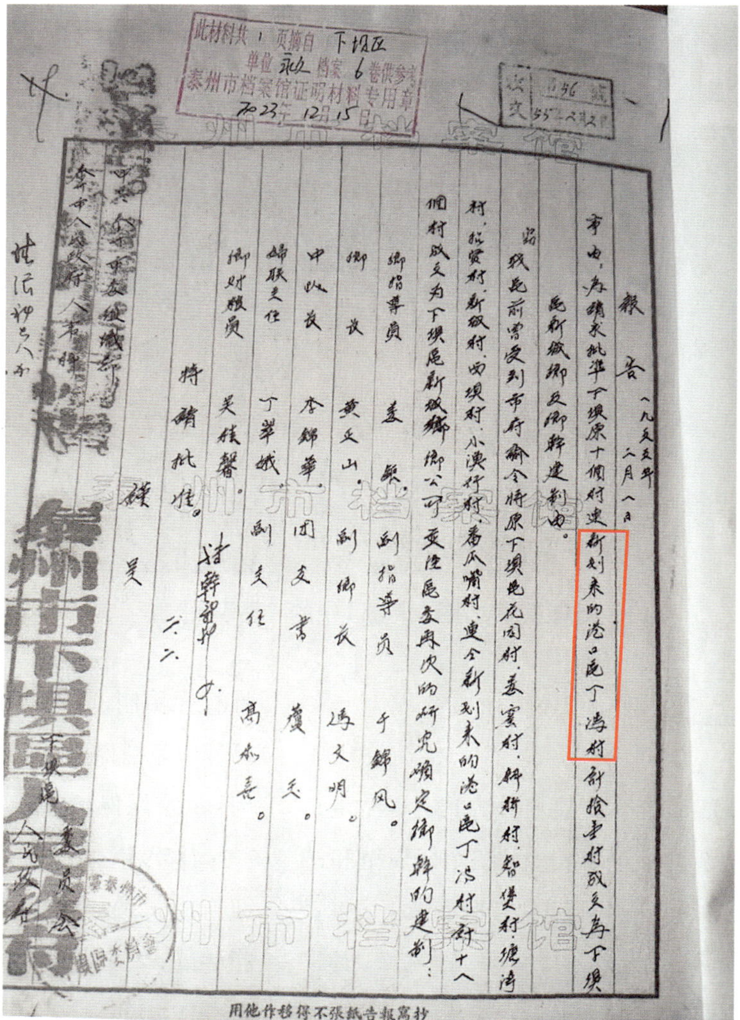
此材料共 1 页摘自 下坝区 单位 永久 档案 6 卷供参考
泰州市档案馆证明材料专用章 2023年12月15日

报告 一九五五年二月一日

事由：为请求批准下坝原十个村连新划来的港口区丁冯村计拾壹村改变为下坝区新城乡及乡干建制由。

我区前曾受到市府命令将原下坝区花园村、姜寨村、解放村、智堡村、德湾村、松贤村、新城村、西坝村、小溪村、番瓜嘴村，连全新划来的港口区丁冯村计十一个村改变为下坝区新城乡，乡公所变经区委再次的研究确定乡干的建制：

乡指导员 姜 副指导员 于锦凤。
乡长 黄文山 副乡长 冯文明。
中队长 李锦华 团支书 夏炎。
妇联主任 丁翠娥 副主任 高为喜。
乡财粮员 吴佳馨。

特请批准。

此致
泰州市人民政府

下坝区人民委员会

抄写报告纸张不得移作他用

丁冯村划归泰州市的批复文件

区位面积

区位

丁冯村东与唐甸村相连，南与花园村毗邻，西与城北街道渔行社区接壤，北与孙金村以泰朱路一号桥河为界，东风北路、站前公路、新通扬运河、卤汀河、宁启铁路环抱村庄四周，交通十分便利，距离泰州火车站、扬州泰州国际机场分别只有10分钟、30分钟的车程。

面积

全村土地总面积2.85平方千米，其中水域面积300亩，耕地面积842亩。

庄前示范大道

自然环境

地形地貌

丁冯村是一个水乡小村，农田和村庄分布零散，具有“以垎为田，以垛成庄”的特色。村庄四周大河环绕，东连盐河，西大河与卤汀河相接，南大河与新通扬运河相通。村庄内水网密布，河道纵横。

气候

丁冯村属北亚热带润湿季风气候区，四季分明，无霜期长，热量充足，降水充沛，平均年降水量1050毫米，常年风向以东南风和东风居多，春夏多为东南风，秋季多为东北风，冬季为西北风。

自然灾害

丁冯村历史上发生特大自然灾害3次，1931年、1991年发生洪水，农田一片汪洋，因庄台较高，少数住房受淹。1940年旱灾，卤汀河露底，尘土飞扬。

垎岸田

人口状况

明朝初期，战后思治，苏州阊门人移居丁冯村开荒种植，先祖们以同姓团居，繁衍生息，逐渐成庄，如丁家铺、冯家河等都是以姓命名，其他姓氏都是后期迁入。丁家铺是规模较大的村庄，丁氏人口占全村人口的40%，冯、全、刘氏人口各占10%，其余68个姓氏人口占30%，分别有洪、姚、马、顾、周、梅、陈等。

2023年，丁冯村常住人口2446人，796户，其中90岁以上老人20人。

2023 年丁冯村 90 岁以上老人名录

表 1

姓名	性别	出生年月	地址
冯红小	女	1927年12月	丁冯村9组20号
黄锦凤	女	1928年8月	丁冯村1组19号
戚怀娣	女	1930年10月	丁冯村5组23号
周维全	男	1931年2月	丁冯村1组19号
马兰珍	女	1931年2月	丁冯村9组8号
王羊女	女	1931年3月	丁冯村2组14号
马月秋	女	1931年5月	丁冯村8组21号
冯文淦	男	1931年9月	丁冯村4组84号
丁祥林	男	1932年8月	丁冯村居民户385号
马登林	男	1932年8月	丁冯村居民户323号

续表

姓名	性别	出生年月	地址
丁成功	男	1932年12月	丁冯村5组35号
马连珍	女	1933年1月	丁冯村居民户149号
施根弟	女	1933年1月	丁冯村7组61号
丁红桂	男	1933年5月	丁冯村5组5号
冯筛姑	女	1933年6月	丁冯村5组14号
翟巧云	女	1933年7月	丁冯村6组75号
马九斤	女	1933年9月	丁冯村11组33号
李粉林	女	1933年9月	丁冯村13组154-1号
丁成龙	男	1933年9月	丁冯村6组77号
马　驹	男	1933年12月	丁冯村居民户153号

经济发展

农业

中华人民共和国成立以来，境域农业种植以水稻、三麦、西瓜和蔬菜为主。1981年，第一轮土地承包后，村民在计划经济指导下，全年种植蔬菜。1988年，村民开始使用大棚种植反季节蔬菜。1995年，丁冯村建成泰州市高标准蔬菜种植示范区。2023年，全村大棚蔬菜种植总面积540亩，每亩年产值2.7万元。

工业

丁冯村工业起步于1959年的丁冯酱厂，1972年开办粮食加工厂、挂面厂。20世纪90年代开始，丁冯工业快速发展，

泰州市北郊农副产品批发市场夜景

先后创办泰州市互感器厂、泰州市棉绒厂、泰州市建材电子设备厂、泰州市兴达食品厂、泰州市兴达服装厂、泰州市宝晖工艺厂、泰州市渡江造船厂、泰州市东方食品厂。

2000年以来，丁冯工业集聚区逐渐形成。到2023年年底，丁冯工业总体形成三个企业集群，外来落户企业有26家，其中规模以上企业1家。工业产值达5亿元，为村集体创收202万元。

服务业

随着工农业生产的发展，丁冯三产经济同步增长。1992年，泰州市北郊综合经营公司成立，并在市区大商场开设电器门市部。同年与泰州市蔬菜公司、新城村合办“泰州市北郊蔬菜批发市场”，2008年，该市场转型为综合性农副产品批发交易市场。1994年，与民政部门合办泰州墓园。2019年，在册登记的个体户有126名。2021年，村委会对渔行小学闲置校舍进行盘活，将改造一新的门面房出租；将华滨物资装卸码头承租给泰州强荣建筑材料有限公司，建设水运码头；将顺通料仓和场地发包给强露建材公司作为仓库。通过盘活置换等途径，对闲置资产、土地进行整合再发包，每年为村集体增收50万元。2023年，丁冯村有中型超市1家、小商店9家、吃食店4家、洗浴中心3家、理发店5家、药店2家，全年完成村集体经济收入808.25万元。

泰州墓园大门

居民生活

收入

中华人民共和国成立前，丁冯90%以上村民以种田为生，木匠、瓦匠、捻匠为数不多，家庭收入甚微，很难维持生计。中华人民共和国成立后，村民生活水平逐步提高，特别是党的十一届三中全会后，丁冯村民使用大棚种植反季节蔬菜，发家致富，家庭年收入少则五六万元，多则十多万元。20世纪90年代，丁冯工业、服务业飞速发展，村民大多在本村工厂上班，有稳定的工资收入。2020

改革开放前居民住宅和家具

年，成立丁冯村股份经济合作社，村民作为股民每年可以得到分红总金额48.33万元。

支出

改革开放40多年来，农民收入大幅增长，消费水平逐步提高，消费结构不断优化。村民食品支出占家庭消费总支出比重逐年下降。1978年，村民人均可支配收入55元，几乎全部用于食品支出，占当年家庭消费总支出的90%以上，2003年，这一比重仅为34%，丁冯人家“糠菜半年粮”的时代早已成为历史。村民衣着支出占家庭消费总支出的6.1%。着装由当年的衣不蔽体、“一衣多季”“一衣多人”变为现在的时尚美观、彰显个性，实现“一季多衣”。村民居住支出占家庭消费总支出比重上升到20.1%。村民住房由当年低矮简陋的土木泥草房变成现在宽敞明亮、设施齐全的新型住房，2023年，丁冯一般居民家庭都拥有一套以上住房，人均住房面积40平方米。医疗保健支出占家庭消费总支出比重达到12.3%，村民医疗保健水平逐步提高。村民交通通信占比提高到10.1%，出行及通信联络便利。家家户户都有电动自行车、电动三轮车。2023年，丁冯村每百户拥有小汽车80辆。村民教育文化娱乐支出占比为8.5%，村民耐用消费品升级换代，电脑、汽车、空调、冰箱等“大件”进入普通家庭。

新区住宅

丁冯村集体收入一览表（2018—2023）

表 2

年份	村集体收入（万元）
2018	508.4
2019	591
2020	582
2021	688
2022	700.9
2023	808.25

丁冯村农民人均收入一览表（2000—2017）

表 3

年份	农民人均收入（元）
2000 年	3339
2001 年	3393
2002 年	3980
2003 年	4366
2004 年	5024
2005 年	5677
2006 年	6370
2007 年	7330
2008 年	8457
2009 年	9323
2010 年	10540
2011 年	12325
2012 年	14545
2013 年	14545
2014 年	16593
2015 年	17961
2016 年	20004
2017 年	20004

文体

中华人民共和国成立初期，丁冯村民文化生活贫瘠。20世纪70年代，公社电影放映队给各村轮流放电影，丁冯村民每年只能看上三四次电影。20世纪80年代末，丁冯村建成北郊剧场，唱大戏，放电影，服务周边群众。2017年、2023年，丁冯村先后建成两个“百姓大舞台”，用于惠民演出和小型文娱演出，村庄有30多人组成的海陵区戏曲艺术团，还有舞龙队、腰鼓队、舞蹈队等文娱演出队。

教育

20世纪50年代初，丁冯村有私塾2所。第一所私塾由潘庄人王哲怀开办，旧址在丁冯村三号桥西侧。学生学费可以由家长代种田或用稻谷抵算。第二所私塾旧址在原陆荣生房屋处，后来迁至翟永清房屋西侧。私塾没有年级之分，课程以识字为主。学费按年龄大小计算，一年3—5斗米，时任老师也会轮流到学生家吃饭，叫作“代闲饭”。

1965年，渔行小学在冯家河尼姑庙开办渔行小学教学点，有学生40人，吴

拔河比赛

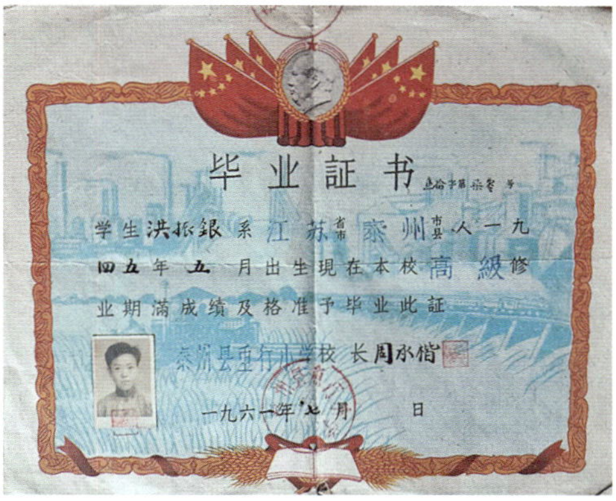
毕业証书

学生洪振銀系江苏省泰州县人一九四五年五月出生現在本校高級修业期满成绩及格准予毕业此証

泰州县鱼行小学校长周永偕

一九六一年七月　日

20世纪60年代初的小学毕业证书

秀珍任教师。1968年，教学点搬迁至苍家垛的三间草屋，任课老师为徐学珍。1972年，低年级教学班撤回渔行小学本部。

医疗卫生

1969年，丁冯村开始实行农村合作医疗，先后有徐怀仁、洪阿荣、姜和英等赤脚医生。同时聘请退休医生薛祠严坐诊医疗。赤脚医生主要负责为村民拿药、打针，配合乡卫生院开展血吸虫防治等，组织开展灭“三害”活动。

20世纪80年代初，合作医疗保险费由村民缴纳，村集体公积金账户补贴一半。交费比较少，报销范围也比较小。年底村里统一研究，对因患大病导致经济困难的村民进行社会减免。

2010年，为解决群众看病就医、打

送医下乡活动

救护培训

针吃药难的问题，丁冯、唐甸、孙金、魏徐四个村联合在唐甸村部东侧新建占地660平方米的卫生服务站，配有5名医务人员，开展健康教育、疾病预防、康复保健、计生指导、基本医疗等服务。2017年，卫生服务站提升改造，内设治疗室、换药室、计生指导室、国医堂、全科诊室、康复室、药房、保健室、输液室。卫生服务站为辖区常住人口建立统一、规范的居民健康档案，定期为辖区村民开展健康知识讲座。每年组织辖区60周岁以上老人到卫生院进行免费体检。

社会保障

生活保障和医疗救助　为落实农村低保工作，2016年，村委会成立低保工作民主评议团及监督小组。严格执行最低生活保障评议、公示、发放等制度，按照低保的管理程序，做到应保尽保、应退尽退。至2023年年底，丁冯村有低保户6户，享受低保人员7人，无五保户。

村委会做好医疗救助申请人的调查、审核、公示工作，做到公开、公正，接受群众监督。2016年，办理医疗救助9起。2023年，办理大病医疗救助4起，开展临时救助12人次，救助金额4000元。

老年人权益保障　丁冯村学习贯彻《中华人民共和国老年人权益保障法》，做好老年人权益保障工作，每月按时为年满80周岁的老人办理尊老金，及时做好增减核实工作，做到不重不错不漏。成立老龄工作及老年人协会，定期组织老年人进行歌舞表演。每年年初，均对

慰问活动

60周岁以上老年人和“空巢”老人进行摸底、统计，建立档案，办理老年人优待证。重阳节及春节期间，对60周岁以上老人进行走访慰问，2023年发放慰问金23.03万元。村委会每年为村所有在籍老年人办理农村医疗保险，组织老年人体检，为60周岁以上老人购买意外伤害险，2023年，为559人购买意外伤害险。

残疾人保障 村委会加大残疾人保障政策宣传，开展残疾人就业、残疾人危房改造、残疾人医保、残疾证办理等各项残疾人服务工作。2016年，参加评残人数达到14人，其中，肢体残疾2人，精神、智力残疾5人，听力残疾5人，视力残疾2人。对于村已评定的部分重残人员，核定其家庭收入情况，帮助那些无工作收入的困难人员办理重残无业补助，截至2016年年底，村委会已经为11名重残无业人员办理了相关证件。2017年，村委会共为16名疑似残疾的村民申请集中评残，对于符合政策规定的一、二级重度残疾人员，办理生活补贴和护理补贴，2023年，为12名疑似残疾的村民申请集中评残，对于符合政策规定残疾人员办理生活补贴和护理补贴，全年共办理精神、智力三、四级残生活补贴7人和重残生活补贴3人。

双拥优抚 村委会做好双拥优抚工作，宣传落实优抚对象抚恤补助相关政策，完善优抚对象信息系统录入，配合街道人武部做好前期宣传和后期适龄青年登记审查。扎实开展双拥活动，做好“八一”和春节期间走访、慰问，对现役军人每户送去400元慰问金，退

送喜报

伍军人每人100元。2016年全村退伍军人41人，现役军人11人，慰问军属52户，慰问金额7600元。2019年慰问军属56户，其中退伍军人46人，现役军人10人，对现役军人每户送去500元慰问金，退伍军人每人200元，慰问金额14200元。2023年慰问军属53户，其中退伍军人46人，现役军人7人，慰问金额12800元。村每年对年满60周岁的退役士兵办理农村籍退役士兵补助，至2023年，已办理20人。

殡葬补助 丁冯村民积极响应农村殡葬改革制度，不私葬、乱葬，不搞豪华葬，严格按照村提供的地点集中安葬，统一墓穴式样。凡本村股民去世后，到村集中安葬点统一墓穴式样安葬的，安葬到朱东树葬园、永泰陵园或泰州墓园的，所有费用村民自己承担，村给予安葬费补助2300元。本村集中安葬点不对外经营，只为本村村民服务，对不是股民的村民，村免费提供土地，墓穴费用由村民自行承担。

村级组织

党组织

1958年，丁冯大队党支部委员会成立，有党员4人。1983年，丁冯大队改称丁冯村，成立丁冯村党支部委员会。2007年，丁冯村党支部委员会改建为党总支委员会。2023年，丁冯村为党总支部建制，下设3个网格支部和1个老年支部，代管1个“两新”支部，共有党员96名。

村民自治组织

1968年，丁冯大队革命委员会成立。1983年，丁冯大队改称丁冯村，成立丁冯村民委员会，下设9个村民小组。1998年，丁冯村民代表大会成立，有村民代表24人。2001年，刘垛村、丁冯村合并后，新的丁冯村有14个村民小组，村民代表37人，其中党员7人。

主题党日活动

1958—2023 年丁冯村主要负责人一览表

表 4

职务	姓名	任职时间	职务	姓名	任职时间
党（总）支部书记	丁兆文	1958.10—1962.06	大队长	马　尧	1960.09—1965.03
	马月秋	1962.06—1965.03		马　银	1965.03—1968.12
	马　银	1965.03—1968.06		陆志勤	1968.12—1972.12
	陆志勤	1968.06—1972.01	革委会主任	洪明根	1973.01—1984.06
	姚宝如	1972.01—1975.06	村委会主任	冯淦寿	1984.06—1989.12
	马　银	1975.06—1978.01		丁红生	1989.12—1991.06
	丁兆瑞	1978.01—1980.12		丁永熹	1991.07—1997.01
	丁红生	1980.12—1988.12		丁筛宝	1997.02—1998.06
	冯淦寿	1989.01—1999.06		丁永圣	1998.06—2001.12
	丁永圣	1999.06—2007.12		丁红明	2002.01—2006.12
	丁学兵	2007.12—2016.01		周粉根	2007.01—2020.12
	刘凤盛	2016.01—2016.12		冯建国	2020.12—
	冯建国	2016.12—			

1972—2001 年刘垛村主要负责人一览表

表 5

职务	姓名	任职时间	职务	姓名	任职时间
党（总）支部书记	洪志权	1972.06—1975.08	大队长	洪志权	1961.06—1962.10
	刘凤祥	1975.08—1979.10		陆稳才	1962.10—1965.10
	刘荣海	1979.10—1988.10		陆稳银	1965.10—1968.03
	刘荣富	1988.10—1989.10	革委会主任	陆稳银	1968.04—1971.12
	刘荣海	1989.10—1992.07		刘荣富	1972.01—1982.01
	刘凤盛	1992.07—2001.03	村委会主任	梅荣宝	1982.01—2001.03

泰州市海陵区城东街道丁冯村：村民变“股民”，收入分红双保险

乡村振兴·江苏百村调研

编者按：民族要复兴，乡村必振兴。习近平总书记指出，任何时候都不能忽视农业、忘记农民、淡漠农村。党的十九大首次提出实施乡村振兴战略，至今已近5年。在党的二十大召开之年，走进乡村、走近农民、走向农业，尤具深刻意义与特殊价值。

党的十八大以来，尤其是近5年来，在“鱼米之乡”江苏，乡村呈现出怎样的变迁？又有着怎样的期待？近日，新华日报社联合江苏省委研究室、江苏省农业农村厅共同启动大型全媒体行动“乡村振兴·江苏百村调研”，用脚步丈量全省所有涉农县（市、区）的100个乡村，对话300位“新农人”、村干部与“原住民”，用记者、专家、行业主管部门等多重视角观察变化，用理性之思与实践之问激发全社会共同关注“三农”的合力，全面推进乡村振兴，加快农业农村现代化。新华日报、交汇点新闻、“学习强国”江苏学习平台等报网端微同步推出系列全媒体报道，敬请关注。

泰州市海陵区城东街道丁冯村，曾经是一个集体经济薄弱、村民收入水平低的“顶穷村”。为改变面貌，村两委班子拓展思路，近年来使出创新“三招”，实现了村集体经济的腾飞——通过银行借贷和吸引民间资本，创办十多家集体企业，实现区域产业规模化；鼓励指导村民开展大棚蔬菜种植，建成泰州市高标准蔬菜种植示范区，成为远近闻名的蔬菜生产基地；合办泰州市北郊蔬菜批发市场，大力发展第三产业。

截至2021年底，全村共有企业30家，其中规上企业1家，自建集体厂房3000多平方米，集体经济收入689.2万元，农业耕地面积842亩，其中高效设施蔬菜种植面积560多亩。随着经济发展方式向高质量发展转变，丁冯村也面临着转型的困境。如何实现经济的可持续增长？如何实现一、二、三产业融合发展？如何在富民强村的同时切实提高老百姓的幸福感？围绕这些问题，村两委班子不断探索。

“新农人”：种植有“章法”，收益有“托底”

手脚麻利，动作熟练，不一会儿就将地里的蔬菜采摘打包完成——眼前这个干练的孙春梅，从事大棚种植不过4年，已经成为种菜能手。

“原本我和丈夫是专营酱菜生意的，公公很早之前就在村里承包大棚了，2018年他生病离世，大棚没有人管理，我和丈夫就决定接手。”孙春梅说，一方面公公都种了这么多年，丢了可惜；另一方面，大棚蔬菜的收益不错，而且丁冯村对

蔬菜种植户有很多帮扶，让人安心。

“一开始种植我是完全没有经验的，村干部了解到我的状况，第一时间和我联系，帮忙找来农技人员和有丰富种植经验的老农，对我进行技术指导。”孙春梅说，村里先后制定海陵四季白萝卜、尖叶香莴苣等蔬菜的质量标准和技术规程，让蔬菜种植有了统一的“章法”，引导种植户试用新药肥、新技术，蔬菜品质越来越好。村里还给每个蔬菜大棚购买保险，进行“托底”，如果大棚因为台风等自然灾害受损，可以得到赔偿。

“经过这几年的发展，我们现在承包田地达到48亩，年纯利润近50万元，和泰兴、海陵几大生鲜超市谈成了定向供应合作协议，蔬菜采摘后就直接配送到生鲜超市，现在只要用心把蔬菜品质做好，收入就能稳定。”孙春梅说。

眼下，孙春梅遇到了“成长的烦恼”，首先就是缺乏合适的劳动力。“能来种植基地打工的基本都是附近的老人，他们学习能力不强，对新技术不能很好掌握，体力也有限。种植基地的品牌打造也是个问题，我们的蔬菜产品在市场上无法像寿光蔬菜那样有辨识度。丁冯村有很好的种植条件，没有在更大范围内打响品牌有点可惜。”孙春梅说，她还准备尝试一下电商，让丁冯蔬菜走得更远。

村干部：集体收益增，村民实惠多

作为城郊村，丁冯村的主业是蔬菜种植。“近年来，菜农年龄老化，蔬菜品种老化，种植技术落后，亩产收益徘徊不前，成为发展中的问题。”村党总支书记冯建国介绍，为破解这些问题，丁冯村近年着力推进蔬菜规模种植，摸索出“党支部+合作社+农户”的发展模式，成立蔬菜种植党支部，组建3个片区合作社，从种到销实行全程标准化，把集体利益与村民收入牢牢绑在一起。丁冯村培育了一批农产品经纪人，由他们统一收购、销售。冯建国说，依靠“农户自筹+村补助+政府补贴”，丁冯村将原先的水泥、竹架大棚全部更换成钢管大棚，又将路、水、电通到每个大棚，优化了生产条件。

为了让更多的群众得到实惠，丁冯村实施集体资产股份制改革，对集体资产进行量化，折算成股份，集体经济组织成员全部转换成股东，村民变股民。每年，丁冯村拿出约100万元用于股民分红及发放村民福利，村集体还为18周岁以上村民购买意外伤害保险。

针对部分土地资源利用率低、效益差等问题，丁冯村通过党员代表大会民主表决，将村内收益较低的产业“腾笼换鸟”，淘汰一批低产能低效益企业，盘活利用集体闲置资产资源，在增加村集体收入的同时，培育出一批有特色有规模的企业，如规上企业泰州市鑫慧金属制品厂、非物质文化遗产传承企业泰州市东方糕点厂、拥有自主研发能力的泰州市恒达机械制造有限公司等。

“党的二十大报告强调，加快建设农业强国，扎实推动乡村产业、人才、文化、生态、组织振兴。下一步，我们将充分发挥党组织在乡村振兴中的核心领导作用，调动村民积极性、主动性、创造性，大力培育新型职业农民和农产品经纪人，打造丁冯特色种植基地、特色品种。”冯建国说，将发挥丁冯村位于城郊的区位优势，推进特色田园乡村建设，打造城市后花园，为市民提供乡村休闲好去处。同时传承弘扬优秀传统文化，培塑文明乡风、良好家风、淳朴民风，激发乡村振兴的内生动力。

“原住民”：钱包鼓起来，环境美起来

今年61岁的村民金宝旺种了2.8亩蔬菜，“都是别的地方买不到的自留种：海陵特色四季白萝卜、爆竹香丝瓜，外形漂亮、口感好、产量高，最重要的是卖的价格好，萝卜一亩效益有1万多块钱，套种丝瓜效益又多两万块”。

村民钱袋子鼓了，村庄环境也变美了。金宝旺告诉调研组，丁冯村现今的环境要比过去好很多，“很多杂草丛生的沟塘、门前屋后乱堆的杂物、露天茅坑再也看不到了。老百姓对生活品质的追求越来越高，近几年，村庄环境得到了整治提升，废沟塘变成了停车场，边角地变成了小游园。村里百姓不需要外出打工，村里就有许多企业可供就业。村委会每年年底都会发放股民分红，每季度发放“门前三包”奖金，逢年过节还会给村里老人和困难家庭发放慰问金。”“当然问题也是存在的。”金宝旺说，由于许多人家购买了私家车，村里空余的场地不够使用，车辆的停放成了难题。受村庄规划制约，村里道路、管网、停车场、公共绿地等配套基础设施建设滞后，停车难、行车难以及住房翻建难较为突出。“希望城郊接合部的发展和建设能够得到更多关注。”他说。

［专家点评］

江苏省习近平新时代中国特色社会主义思想研究中心省社科院基地研究员高珊：“安民之举，在于富民。”生活富裕就是要让农民经济宽裕和生活便利。丁冯村创新发展思路，促进集体经济腾飞，一举摘掉“穷帽子”，走上共同富裕的康庄大道。启示有二：一是壮大三次产业。紧密围绕特色产业，发挥区位优势，因地制宜培植一、二、三产业，激发村强民富的“源头活水”。二是合作共谋发展。“党支部+合作社+农户”的发展模式，能充分调动农户积极性，一批有特色有规模的村内企业，可提供安心就近就业的机会。如何让百姓生活质量更上一层楼，还需要城郊村进一步探索建设发展的路径。

江苏百村联合调研组（调研组成员包括新华日报社记者顾雷鸣、杭春燕、吴琼、王梦然、王建朋、颜颖，省委研究

室叶绍芳、储胜金，省农业农村厅许善平、李明、朱斌）

来源：《新华日报》

2022.11.29

康馨老年公寓

康馨老年公寓位于海陵区泰渔路12号，占地面积约6000平方米，建筑面积约3600平方米。

康馨老年公寓

经民政部门批准，2011年建成康馨老年公寓，该公寓目前是民办养老机构中庭院式建筑规模最大、设施最好的综合性托养场所，住院老人70多人，安排下岗职工及社会富余人员就业20余人。

老年公寓分为生活区和护理区两大部分。生活区设标准间、三人间及四人间。房间配电视、电话、卫生洁具、呼叫系统、消防系统等。无障碍通道四通八达，内设老年事业部、老年康复中心及室内外活动场所，配有医疗、康复、健身、浴室、理发店、多功能活动室等。

康馨老年公寓护理区采用国际家庭医生健康服务标准，服务内容包括预防保健、诊疗护理和康体养生三部分。康馨老年公寓定期为每位老人提供全面的健康护理服务，全天候为每位老人的健康需求提供专业护理。

“老年事业部”组织各类爱老、敬老活动，开办象棋班、花卉班等，调动老年人参加活动的积极性。让老人乐在其中，真正实现“老有所养、老有所为、老有所乐、老有所学”。

第二篇　村庄建设

丁冯村的建设始终坚持规划引领，2021年，村庄规划编制工作完成，建设集中居住区，进行水、电、天然气、道路、绿化等附属设施建设。2023年，围绕“凤尾古村，盐韵丁冯”打造以绿色无公害为产业特色，以红色、盐运为文化特色的“江苏省特色田园乡村”。

建设规划

2007年11月，泰州市规划设计院首次对丁冯村局部7组小区进行了规划设计，建成了第一个单体别墅小区——丁冯村7组小区，共计26户。

2014年2月，泰州市姜堰区建筑规划设计院对丁冯村区域村庄进行了规划设计。

2018年1月，泰州市规划设计院对村庄规划进行了重新规划设计，2018年3月22日，专家评审论证会通过。

居民别墅区

居民住宅区

2021年10月8日，泰州市国土空间规划设计院将丁冯村作为海陵区国土空间规划试点，对丁冯村开展新一轮的国土空间规划设计。2021年11月25日，城东街道丁冯村国土空间规划设计规划（2021—2035）专家论证会邀请了叶财华、赵锦明、童卓、张爱忠等专家进行了论证。

2022年7月25日，市政府审批通过了《丁冯村村庄规划（2021—2035）》。

2022年8月10日，丁冯村根据市政府审批通过的《丁冯村村庄规划（2021—2035）》，为丁冯村集中居住区（一期）16户村民办理新宅基地，同时办理三层别墅的建设工程规划许可手续。8月28日，丁冯村集中居住区（一期）开工建设。2023年1月底完成别墅主体建设，9月底，完成丁冯村集中居住区（一期）内雨污分流、杆线入地、自来水、供电、天然气、路灯、绿化、河道驳岸、道路等配套基础设施建设。

规划指标表

表 6

指标		基期年	目标年	变化量	属性
户数（户）		702	730	28	预期性
户籍人口数（人）		2462	2580	118	预期性
常住人口数（人）		2160	2350	190	预期性
耕地保有量（公顷）		71.54	92.34	20.80	约束性
永久基本农田保护面积（公顷）		43.53	43.53	0	约束性
建设用地规模（公顷）		48.55	50.78	2.23	约束性
其中	集体经营性建设用地规模（公顷）	1.30	1.98	0.68	预期性
建设用地机动指标（公顷）		—	2.10	2.10	预期性
新增宅基地户均用地标准（平方米）		—	135	—	预期性

公共设施配建标准一览表

表 7

类别	综合配置设施				基本配置设施			
	设置项目	配置要求	每一处规模		设置项目	配置要求	每一处规模	
			建筑规模（㎡）	用地规模（㎡）			建筑规模（㎡）	用地规模（㎡）
政务服务	党群服务中心（便民服务中心）	★	200~400		—	—		
	村务公开栏	★			—	—		
公共教育	幼儿园（托儿所）	☆	3 班 ≥810	3 班 ≥1350	—	—		
医疗卫生	卫生室	★	≥180		卫生室	☆	≥120	

续表

类别	综合配置设施				基本配置设施			
	设置项目	配置要求	每一处规模		设置项目	配置要求	每一处规模	
			建筑规模（m²）	用地规模（m²）			建筑规模（m²）	用地规模（m²）
文化体育	综合性文化服务中心（文化礼堂）	★	≥300		文体活动室	☆	≥80	
	村史馆	☆			—	—		
	文体活动场地	★		≥500	文体活动场地	★		≥150
	小游园	★		≥500	小游园	☆		≥200
社会服务	居家养老服务中心	★			居家养老服务站（点）	☆		
	残疾人之家	☆	≥50		—	—		
公共交通	镇村公交	★			镇村公交	☆		
	公共停车场	★			公共停车场	☆		
市政公用	自来水供应	★			自来水供应	★		
	生活污水处理	★			生活污水处理	☆		
	垃圾收集点	★			垃圾收集点	★		
	再生资源回收点	☆			—	—		
	公共厕所	★	≥60		公共厕所	★		
	邮政代办点（快递服务站）	★	20~40		—	—		
	移动通信基站	☆			—	—		
	主要道路路灯	★			主要道路路灯	★		
生活服务	便民超市	☆			便民超市	☆		
	菜市场	☆	100~300		—	—		
	农资超市	☆	≤50		—	—		
	农村电商服务站	☆			—	—		

续表

类别	综合配置设施				基本配置设施			
	设置项目	配置要求	每一处规模		设置项目	配置要求	每一处规模	
			建筑规模（㎡）	用地规模（㎡）			建筑规模（㎡）	用地规模（㎡）
公共安全	综治中心	★	20~40		—	—		
	警务室	★	20~40		警务室	☆		
	防灾避灾场所	★			防灾避灾场所	☆		

备注：“★”表示应配置，“☆”表示有条件配置，“—”表示不宜配置，无数据处表示无具体数值要求。

公共服务与市政公用设施配套一览表

表 8

序号	项目类型	设施名称		位置
1	公共设施	健身服务场地（新建）		丁冯村发展村范围内
2	市政公用设施	给水工程	供水管网改造	丁冯村发展村范围内
3		污水工程	污水处理设施	丁冯村发展村范围内
4			污水管网	
5		通信工程	邮政服务网点新建	丁冯村发展村范围内
6		杆线改造	电力、通信杆线改造	丁冯村发展村范围内
7		燃气工程	燃气管网建设	丁冯村发展村范围内
8		环卫工程	公厕	丁冯村发展村范围内
9			分类环保垃圾桶	

基础设施

道路

1986年，丁冯村为解决群众行路难的问题，投入资金17万元，在村庄中间建成第一条硬质化道路。道路长950米，宽3—5米。到1999年底，全村所有巷道都铺设了水泥路面，村庄主干道上安装了146盏路灯。2021年6月，村委会投入资

村口道路

金16.5万元，在村庄南侧新建一条长350米，宽6米的主干道，同时拓宽田间机耕路和村口大道。主干道东连东风北路，西接村口大道，既方便了群众出行，又解决了消防通道问题。

田间道路

2023年丁冯村辖区内主要道路一览表

表9

序号	道路级别	名称	建设时间	道路情况	在村域内长度（米）
1	县道	泰渔路	1984年	位于村庄西侧，南北走向，是历史上城北连接主城区的主要道路。采用双向二车道标准，路宽为9米。	750
2	村道	丁冯路	1986年	村内建成的第一条硬质化路道，位于村庄中间，呈东西走向，贯通全村各片，路宽为4—6米。	950

续表

序号	道路级别	名称	建设时间	道路情况	在村域内长度（米）
3	村道	刘北路	1987年	位于丁冯村村庄南侧，东西走向，原泰朱路通刘北村的主要通道，现是丁冯村工业区内通道。	1700
4	村道	丁冯北路	1989年	位于丁冯村庄北侧，东西走向，是七组小区、冯河、洪垛连通泰渔路及村庄北侧主要通道。	528
5	村道	刘垛环村北路	1994年	位于刘垛村庄北侧，东西走向，连接村内示范大道，是村庄内部的主要通道。	549
6	村道	刘垛环村东路	1994年	位于刘垛村庄东侧，南北走向，连接站前路，是村庄内部的主要通道。	248
7	村道	刘垛环村南路	2021年	位于刘垛村庄南侧，东西走向，连通东风路和村口大道，是村庄目前的消防通道。	350
8	村道	示范大道	1995年	位于丁冯村庄南侧，南北走向，连通站前路，是丁冯、唐甸村庄向南的主要出入通道，是丁冯村第一条柏油路道。	488
9	县道	东风北路	2006年	位于村庄东侧，南北走向，是城北连接主城区的快速道路。采用双向四车道标准，路宽为20米。2020年泰州东风北路快速化方案出炉。东风北路快速化为“高架+路面+地下通道”结合的方式，东风北路快速路连接东风快速路与站前快速路。	860
10	省道	站前路	2016年	位于村庄南侧，新通扬运河以北，呈东西走向，是连接主城区的重要快速通道。采用高架、双向六车道标准，路宽为60米，设计速度80千米/小时。	1770

桥梁

丁冯村庄台由垎岸形成，村内河流纵横，村民傍水而居，过去交通往来仅依靠树木搭建的桥梁相连。1960年，丁冯村在洪垛、丁铺交界处建成第一座木桥。1969年，改建成半边有栏杆的水泥桥，1986年至1987年，先后建成4座钢筋水泥大桥：丁冯一号桥、丁冯二号桥、丁冯三号桥、丁冯四号桥。1990年至2023年，丁冯村加大投资，陆续在村庄和田间修建18座水泥桥，极大地方便了村民的出行。

最早的水泥桥

刘垛大桥

2023年丁冯村辖区内桥梁一览表

表10

序号	桥名称	建造时间	地址	长(米)	宽(米)
1	跃进桥	1969年4月	沙莉莉家西侧	20	2
2	冯河一号桥	1978年10月	冯河(冯羊女家)后侧	17	3
3	丁家铺桥	1986年5月	王春荣家西侧	10.8	4.3
4	洪垛桥	1986年5月	马驹家东侧	23	3.4
5	洪北桥	1986年10月	洪垛(沙奎松家)后侧	15	3.3
6	洪仓桥	1987年4月	顾蛇林家西侧	16.7	3.5
7	仓垛桥	1987年4月	张国勤家西侧	14.9	4.3
8	积善桥	1990年6月	丁家沟南侧	22	3
9	仓垛闸桥	1992年8月	仓垛南侧	4.5	5
10	刘北桥	1994年10月	刘垛老村部东侧	9.3	2.9
11	陈垛桥	1995年5月	站前路安置区后侧	13.1	3.3
12	瑞鑫桥	1998年5月	丁冯村工业区东侧	13	6
13	丁冯桥	2002年11月	七组小区东侧	21.8	6.6
14	小河南桥	2003年10月	刘凤灵家后侧	14	2.9
15	刘垛大桥	2009年11月	东风桥西侧厂区后侧	37.4	5.5
16	万安桥	2015年8月	5组闸桥	4.4	6
17	示范桥	2015年8月	5组、6组田间桥	11.8	5.2
18	中港桥	2016年5月	丁冯村集中居住区西侧	32	5.5
19	冯河二号桥	2017年6月	冯河后侧(田间)	16.5	5.4
20	冯河三号桥	2017年6月	洪垛后侧(田间)	16.8	5.3
21	老盐河中桥	2018年10月	站前路北侧	21	5
22	刘垛南港桥	2018年10月	站前路北侧	28	5

停车场

为解决村民停车难的问题，2004年后，丁冯村建造公共区域停车场20处，有近300个停车位。

停车场

公共事业

供水

1985年，丁冯村接上自来水管网，吃上泰州城河水。2001年，开始接通长江水，用上了消毒净化处理的自来水。

供电

1968年，丁冯村接上电网，全村仅有1台100千伏安容量的变压器。到2023年年底，全村已有30台变压器，总容量11600千伏安，村庄主干道杆线已经入地。

供气

2016年前，村民全部使用煤气瓶（每瓶煤气罐6立方米），用户数为745户，每年用气量为9000立方米。2016年，建设站前快速路，同时启动沿线的天然气管网建设。2022年5月，丁冯村站前快速路安置区完成了农户天然气管网的建设，具备了使用天然气的条件。2023年6月正式开通，45户村民用上了天然气。

家庭管道天然气

邮电通信

1990年，村民丁灯桂家安装了丁冯村第一部电话。1992年，共计接入16户，多数为企业业主和个体老板。当时电话接入户费用为3000多元，多数百姓承担不起。1995年后，随着费用的降低，村民经济收入水平的提高，多数百姓都安装了电话。2000年，丁冯村接上了网络。至2023年底，丁冯村共计692户连接网络，网络覆盖率93%，有线电视入户率100%。

杆线入地

雨污管网

2016年，丁冯村建成城东街道第一个雨污分流居住区，也是第一个有消防设施的小区——站前路安置区，共计29户。2020年，海陵区住建局在丁冯村启动了农村生活污水管网收集处理工程，铺设污水管道2.3千米，新建污水处理站5座，日处理污水量186吨，目前全村85%的村民生活污水已经接入污水管网。

污水处理站

村居建设

1977年，丁冯村村庄西侧、中巷两侧统一规划建设，统一宅基地135平方米，建筑层数为1层，五架六砌，共计64户。

1995年，在丁冯村村庄西侧，紧靠泰渔路路西，建设丁冯村居民楼，建筑层数为2层，总建筑面积为2400平方米。共计27户，户型建筑面积有110平方米、90平方米、80平方米、70平方米。

1997年，丁冯村村庄东侧，在苍垛统

丁冯新区

刘垛新区

一规划建设，统一宅基地132平方米，建筑层数为2层，共计10户。

1998年，在7组小区南侧统一规划建设，统一宅基地143平方米，建筑层数为2层，共计21户。

2008年，在7组小区南侧，统一规划建设，统一宅基地180平方米，建筑层数为2层。进行了宅基地拍卖，拍卖成功8户，每处宅基地7.8万元，其余4户本村村民出宅迁建。共计12户。

2012年，在7组地块上建成丁冯村7组小区，统一宅基地168平方米，建筑层数为2层，总建筑面积为240平方米，共计26户。

2016年4月，因市区道路重点工程——站前路征用搬迁，丁冯村建设丁冯村站前路安置区，共计30户，宅基地统一为180平方米，建筑占地120平方米，建筑层数为3层，总建筑面积为360平方米。

2022年下半年，丁冯村启动建设新小区——丁冯村集中居住区（一期），共计16户，每户宅基地统一为135平方米，建筑占地90平方米，建筑层数为3层，总建筑面积为236平方米。

2023年4月，丁冯村投资34.58万元开展集中居住区（一期）配套基础设施建设，主要包括：雨污分流、杆线入地、自来水、供电、天然气、路灯、绿化、河道驳岸、道路等。9月，相关建设完成。

居民住宅区

环境卫生

为了彻底改善村庄脏乱差的环境，丁冯村先后出台《丁冯村环境整治长效管理制度》《丁冯村卫生保洁管理制度》《丁冯村河道保洁管理制度》《丁冯村村庄绿化养护管理措施》《丁冯村“门前三包”制度》，按照“村洁、水清、岸绿”总体要求，认真做好村庄环境整治和日常保洁管护工作。

泰渔路在丁冯村境内有800米长，村里落实1人常年清扫，东风北路连贯村南的东西主干道，村里安排2人常年保洁，力求做到路面清洁，安全畅通，道路两侧无违建棚户，无遮挡视线的障碍物。村内大小道路都有专人负责，路面常年保持清洁状态。近年来，村委会投入45万元资金，建设居家养老服务站3处，新

清理河道

村中河道

建停车场5座，拆除棚屋16处，清理垃圾堆30处，新建水冲式公厕10座，三格式家用厕所343座；村里安排4名专职保洁员喷洒药水，消毒杀虫；村内投放垃圾池（箱）36座，其中不锈钢垃圾箱21处，村里安排4名垃圾清运员及时将垃圾送至城北中转站。村委会出台“门前三包、田间三包”考核制度，借助庄台片区“微网格”常态化考核，每季度根据考核情况向村民发放“清洁家园”奖励金。现在的村庄蚊虫少了，臭味没了，“一（猪）圈、一（茅）坑、一（灰）塘、一（草）堆”彻底消失了，讲文明、讲卫生的人也越来越多了。

丁冯辖区内有11条河道，村里安排7人专门负责管护，确保水面一年四季无“三水一萍”和漂浮物，岸边无暴露垃圾。针对部分河道水流不畅的情况，为保证水系循环，水质良好，丁冯村投资60多万元，疏浚整治河沟900米，清淤6000多立方米，从而使河塘保洁率达100%。

丁冯村科学合理地做好村庄绿化工作，把整治河道和绿化造林有机结合起来。丁家沟河道护坡时，河的两岸进行了绿化；丁家浦废河塘填埋后进行了绿化；村部门前的河边绿化；村前路两侧绿化，苍垛篮球场四周绿化，铺设草坪5000平方米；朝阳圩、胜利圩两侧栽种大叶女贞和意杨；泰州技校北侧有女贞林风景带；卤汀河西铁路两侧有100亩银杏林；东风北路西侧有200亩意杨林，栽植绿树13000余株。整个村庄树木覆盖

公厕垃圾箱

村庄新貌

率达25.56%，所有绿化地段有专业管护队伍，树、草、花合理搭配，形成一定景观效果。

2020年初，丁冯村村委会讨论并确定了2020—2023年人居环境整治重点项目。2023年，完成7组小区东南侧河道杉木桩护坡、10组安置小区仿古矮墙建设、丁冯路进行道路硬质化改造（西起泰朱路东至仓垛桥）、仓垛至站前路道路黑色化改造（东至唐甸村，西至仓垛桥，南至站前路）、刘垛庄中河杉木桩护坡建设、水杉林休闲步道建设、仓垛健身广场升级改造。

美丽庭院

2020—2023 年丁冯村人居环境整治项目清单

表 11

序号	完成项目内容	截止时间	完成情况
1	续建洪垛、新建仓垛生态停车场并实施绿化工程	2020.06	完成
2	丁冯村梅垛片庄西侧进村路道旁、庄后篮球场周边绿化	2020.10	完成
3	迁建仓垛片厕所，改造提升丁冯片公厕10座	2020.10	完成
4	新开刘垛庄前河道调整水系	2020.12	完成
5	规划新建6组停车场	2020.12	完成
6	7组污水泵站周边绿化提升改造	2020.12	完成
7	通村入组道路完成7组道路连接工程	2020.12	完成
8	深入开展村庄清洁行动：拆除乱搭乱建、清理乱堆乱放、清理河道岸坡	2020.12	完成

续表

序号	完成项目内容	截止时间	完成情况
9	扎实推进“厕所革命”，改建露天粪坑、户厕无害化改造100%完成	2020.12	完成
10	整治乱堆乱放，拆除乱搭乱建	2021.06	完成
11	实施庄台南侧，新建一条东西入庄主干道，连接南侧站前路，方便村民出行，解决消防通道问题	2021.06	完成
12	实施冯河停车场、小游园、休闲凉亭施工和生态绿化工程	2021.06	完成
13	站前路下老盐河、中港河桥两侧清淤	2021.06	完成
14	刘垛片百姓大舞台周边征收遗留问题整治；搬迁征收遗留房屋拆除及周边环境整治	2021.06	完成
15	周章碗周边废沟塘整治	2021.06	完成
16	丁冯村梅家垛片低洼地填土，建设梅垛游园、生态停车场	2021.10	完成
17	仓垛停车场建设、绿化	2021.10	完成
18	11组集中安置区南侧绿化	2021.10	完成
19	刘垛片房屋外墙文化彩绘	2021.12	完成
20	实施将丁冯村刘垛片垃圾箱全部改造成垃圾分类投放点	2021.12	完成
21	生活污水治理 PPP 工程项目	2021.12	完成
22	新建老年活动中心3处、文体活动中心1处	2022.06	完成
23	新建百姓大舞台2处、室外健身场所10处	2022.06	完成
24	新建党群服务中心	2022.06	完成
25	原棉绒厂地块退租解约，改造为居家养老服务中心	2022.12	完成
26	站前路北侧新集中居住区建设	2022.12	完成
27	新建水冲式公共厕所13座	2022.12	完成
28	丁冯村仓垛片废沟整治	2022.12	完成
30	渔行学校周边环境整治，新建仓垛游园、村标	2022.12	完成
31	周章碗周边废沟塘整治	2022.12	完成
32	7组小区东南侧河道杉木桩护坡	2023.05	完成
33	10组安置小区仿古矮墙建设	2023.06	完成
34	丁冯路道路硬质化改造（西起泰朱路，东至仓垛桥）	2023.10	完成
35	仓垛至站前路道路黑色化改造（东至唐甸村，西至仓垛桥，南至站前路）	2023.10	完成
36	刘垛庄中河杉木桩护坡建设	2023.06	完成
37	水杉林休闲步道建设	2023.10	完成
38	仓垛健身广场升级改造	2023.11	完成

第三篇　蔬菜种植

丁冯村积极探索“党组织+示范户+农村经纪人”的发展模式，建成蔬菜大棚示范基地，村集体为所有大棚购置了保险。将路、水、电通到每户田头，引导农户使用有机农药、有机农肥提高种植技术，现为江苏省无公害蔬菜种植基地、省“菜篮子”工程种植基地。

经过几十年的发展，丁冯村种植了爆竹香丝瓜、尖叶香莴苣、海陵四季白萝卜、一点红苋菜、翠绿空心菜等特色农产品。

种植历程

季节性蔬菜种植

丁冯村人多地少。垎岸超过耕地面积的三分之二。这些垎岸地形狭窄，不适合种植水稻、麦子。20世纪70年代中后期，丁冯人响应政府“以粮为纲”的号召，开展平田治垎运动，起早带晚，肩挑人抬，终于将所有高低不等、形状各异的垎岸，平整成能长水稻、麦子的成片粮田。

粮田虽长出了水稻、麦子，但由于人多地少，加之新平整的田漏水漏肥，粮食产量低，村民还是过着半饱半饥的生活。

水泥大棚

钢架大棚种植

20世纪80年代初，丁冯村主动申请，泰州市政府批准了丁冯村改种季节性蔬菜供应城市，适当补贴村民粮煤的计划，群众生活状况有所改善。种植的蔬菜以冬瓜、大白菜、大头菜为主。虽然是以生产队为基础，集体经营，足够完成政府的计划任务，但价格低，社员的收入还是微乎其微，一个男劳力辛苦一年，年终分配时扣去集体所分给的物资等账，有的农户最后还要欠集体的钱。社员收入低，集体无收入。在当时的泰州，丁冯被称为“顶穷”。

下秧

反季节蔬菜种植

传统的蔬菜生产模式只能保证市场供应，品种基本上是人有我有，这导致了有些品种产量多了，就会滞销。村民的收入只有保成本、保微薄的工资，满足不了当时最简单的生活需求。勤劳智慧的丁冯人不服输，时刻想着改变自己。1986年，种菜能手沙林松四兄弟率先尝试用塑料薄膜覆盖种植，如韭菜越冬用铁丝、木桩做成高度30厘米左右的支架，然后用塑料膜覆盖，这一简单技术取得了可喜的收入。种植能手冯粉寿受沙氏兄弟“小棚”的启发，尝试用竹片搭建大棚种植蔬菜，结果蔬菜喜获丰收，经济收益相当可观。其他村民也闻风而动。1988年，基于村民奋进向上的种植劲头，村委会决定积极引导村民大棚种植反季节蔬菜并给予经济补贴。由于缺少大棚技术经验，村委会协同县级泰州市蔬菜办组织有蔬菜种植积极性和经验的农民，到安徽和县参观学习。到了和县，种植户远远看到了大片的竹架大棚，十分壮观，进棚一看，反季节蔬菜：辣椒、番茄、茄子、黄瓜果实累累，这些蔬菜准备春节上市，销往上海、南京等大城市。当得知每年每亩收入超万元，参观的同志摩拳擦掌，个个准备回去大干一场。村委会乘势而上，积极配合，免费提供种植示范户搭建大棚的竹子，以此来降低示范种植的风险，调动示范户大棚种植的积极性。以冯粉寿、沙林松为首的五六家示范户的竹架大棚成功搭建，种植的反季节蔬菜一炮而红。当时的大棚

蔬菜长势喜人

莴苣每根能卖1元钱，一亩田一茬收入达6000—7000元。全年亩平均收入达2万元，效益是露天蔬菜的4倍。1992年，计划经济向市场经济转变。丁冯村顺应当前形势，取消了对蔬菜品种的限制，面向市区外的大市场生产紫茄、莴苣、萝卜、丝瓜，面向市区内的小市场生产木耳菜、空心菜、苋菜、香菜、米葱、生菜。村委会邀请市区级蔬菜农艺师来村对村民进行技术培训、利用“春苗”黑板报宣讲病虫害防治的知识，充分发挥“田专家”“土秀才”的传帮带作用，一大批村民参与大棚蔬菜种植的行列。3—5年时间，大棚种植面积达560亩，种大棚的农户有380户，他们相互交流，取长补短，在实践中不断摸索总结种植经验，掌握了用“撒石灰粉、调酸杀虫”来改良土壤的方法，还掌握了“基肥要巧，苗肥要少，果肥要猛”的施肥技巧。也逐渐涌现了众多的区乡级蔬菜种植示范户，万学勤种丝瓜，播种早，栽种早，田间挖墒排水，保持根系生长活力，避免病虫害的侵袭，他还积极主动地参加技术培训，不断学习新的栽培技术；陆粉明种生菜，他讲究稀播和带土移栽秧苗，他善于见机而作，抓住“缺期”种植，每亩收益多达5000元。通过多年发展，丁冯村逐渐形成自己的特色品牌：爆竹香丝瓜、尖叶香莴苣、海陵四季白萝卜等。大棚种植反季节蔬菜既丰富了市民的菜篮子，又鼓起了村民的钱袋子。

农业科技试验示范基地

高标准蔬菜种植

蔬菜的产量逐步提高后，运输出现了问题。通过平田整地，小垎连成片，但片和片之间还是隔水相望，每担蔬菜必须经过船运方能到家、到市场，上船下船几经周折，十分困难，新鲜的瓜果蔬菜皮被擦伤后只能打折售出，村民们也很无奈。路、渠、电等基础设施不完善，已成了蔬菜种植向前发展的瓶颈。市政府、市蔬办、村委会为鼓励农民种植，逐年投入资金造桥造路造渠道，先后造桥16座，造砼路15千米，4万多平方米。造U型渠约6.5千米，将高压电送到田头，菜农种植方便快捷，积极性得到了空前的提高，原先在城务工的年轻人纷纷转行回家种植蔬菜。

灌溉渠道

1995年，政府筹划蔬菜供应市场化，决定在丁冯村大河南面积200亩的土地上投入大量资金，建成泰州市高标准蔬菜种植示范区，当时平整土砖窑5座、废沟7条，平坟100多座，增扩种植面积20多亩。整个示范区内土地平旷，田间方整，路渠到位，灌水到墒，大大提升了村民蔬菜种植的能力和层次。1997年，示范区主推喷滴灌、肥水一体化技术，电热丝育苗技术、遮阳网湿度调控技术和防虫网、杀虫灯、粘虫板等物理防治害虫无公害蔬菜生产技术，真正让城乡居民吃上放心安全的新鲜蔬菜。高标准蔬菜示范区的建设，展示了科学技术的生产力，拉动了周边乡镇的蔬菜生产，并辐射到里下河地区。1996—1998年，丁冯村的大棚培育的秧苗全部销售给周边乡镇，最远的销往

省“菜篮子”工程种植基地

灭虫灯

兴化。秧苗的供不应求，彰显了科技种植的良好效果，也为蔬菜供应市场化奠定了坚实的基础。

2013年7月，泰州市海陵区丁冯蔬菜种植农民专业合作社承担了2013年江苏省高效设施农业项目“海陵区城东街道‘菜篮子’工程蔬菜生产基地建设”的建设任务，项目总投资900万元，其中省财政专项资金300万元，自筹资金600万元。新建生产道路6500米，硬质渠5000米，电力设施1000米，钢架大棚240亩。项目推广遮阳网60万平方米，防虫网20万平方米，新型薄膜81千克，喷滴灌设备1000亩，安装灭虫灯30台（套），推广蔬菜新品种5个。项目计划年经济效益4950万元，新增经济效益550万元，亩产增收1000元，亩均纯效益比非项目区高出10.5%，项目区农民收入比非项目区农民收入高出10.5%。

随着示范区种植的不断推进，大棚的材质也在不断进化。最初用竹子架棚，有拱劲，中间不打点，在棚内好操作，但竹子经太阳暴晒易开裂，开裂后的竹子要更换，操作复杂；人们又用毛竹片搭棚，但竹篾片软，不能承受暴雨、大风雪等自然灾害，中间要打顶，这样不方便田间操作；后来人们想到了钢筋水泥龙骨，水泥龙骨优点是坚固耐用，棚中间不打点，棚内好操作，但水泥龙骨架笨重安装难，而且容易划破或损伤棚膜，遮阴

喷滴灌设备

面积大，光照不足。经过农户努力和政府投入，2023年，大棚基本为钢架结构，面积达600多亩，钢架大棚经久耐用，分摊成本低，拆搭方便，棚内空间大，操作方便。成片的大棚整齐排列，十分壮观。夏天本地香丝瓜爬架一片绿，秋冬薄膜覆盖一片白，在阳光的照耀下，熠熠发光，成为泰州北郊一道亮丽的风景。

种植技术培训

经营管理

丁冯蔬菜种植农民专业合作社成立于2012年7月，农户380户，总面积1200亩，钢架大棚面积600多亩。2013年，农民专业合作社被列为省级高效设施农业项目，年生产蔬菜5200吨，产值达1360万元，农民亩均年收入达2.7万元。

农民专业合作社以有机生态蔬菜种植、高效农业为主要特色，主推喷滴灌、肥水一体化技术，遮阳网湿润调控技术和防虫网、杀虫灯、粘虫板等物理防治害虫无公害蔬菜生产技术，建立蔬菜农药残留检测点，保证对外销售的蔬菜无残留达标。专业合作社先后制定海陵四季白萝卜、尖叶香莴苣产品质量标准和

专业合作社

无公害海陵四季白萝卜、尖叶香莴苣、五叶香丝瓜及大棚防虫网小青菜等技术规程，真正让城乡居民吃上放心安全的新鲜蔬菜。

合作社的经营宗旨是为本合作社成员提供与农业生产经营有关的服务。为降低生产成本，合作社对大宗农用物资进行统一购买；每年邀请蔬菜专家对村级28户示范户进行技术讲座和深入田头现场指导，引导示范户试种新产品，试用新药肥、新技术，不断提升农业综合效益。为树立典型、奖励先进，合作社对蔬菜种植较有成就的农户评选为村级蔬菜种植示范户，将蔬菜种植有重大成就的农户举荐报送给乡区主管部门，评选乡区级蔬菜种植示范户。被评为种植示范户的菜农可以享受相关部门的物质奖励和优惠政策。这样的评级活动极大地调动了广大菜农的积极性，全村上下迅速掀起了比学赶超的热潮。

农民专业合作社每年生产蔬菜3750吨，产值750万元，生产的蔬菜以叶菜为主，全年各季节主要供应品种有青菜、空心菜、生菜、木耳菜、苋菜、茼蒿、香菜、菠菜、香葱、丝瓜、药芹、白萝卜、黄瓜、豇豆等。

农业专业合作社以农业增效、农民增收为目标，以市场为导向，用工业化的管理思维经营农业，不断拓展农企对接、农技对接、农超对接、农网对接平台，实现种与销的无缝对接，减少中间环节，真正将放心、优质、低价的蔬菜推向市场。合作社先后被评为江苏省现代高效农业三八示范基地、泰州市千名科技专家兴农富民工程先进单位。

蔬菜销售

随着国家宏观经济的不断发展，蔬菜的产销终于走上了市场化，蔬菜计划供应的年代一去不复返，农民有了种植自主权，加之生产条件的改变，使蔬菜的产量大幅度提升，每亩产量高达5吨，日间耕作夜间销售，日复一日搞得人精疲力尽，因此，专业销售的经纪人队伍应运而生，这支队伍由20多名熟悉市场的专业人士组成，他们联农户，跑市场，形成了独特的销售网络，产和销两条线独立运营，他们将农户生产的新鲜蔬菜及时供应市区市场，有的还远销南京、扬州、苏州、无锡等地，真正提高了蔬菜的产出率。有的生产大户经过经纪人销售的蔬菜每年达20—25吨。亩产收入达2.7万元，90%以上的大户年收入超30万元。60%的人

蔬菜装车外销

家建起了两层楼房，90%的家庭在城里购买商品房。80%的人家用上小轿车，农民下田全部用上电动三轮车。2023年，丁冯村完成集体全年经济收入808.25万元，村民人均收入3.2万元。

附录：

泰州市海陵区高效设施农业项目实施方案

项目编号： GXNY（2013）716

项目名称：海陵区城东街道“菜篮子”工程蔬菜生产基地建设

项目单位：泰州市海陵区丁冯蔬菜种植农民专业合作社

项目主管部门：泰州市海陵区农业委员会

一、项目建设地点

项目建设地点位于泰州市海陵区城东街道，东南（N32°32′15.40"、E119°54′22.86"），西南（N32°32′14.77"、E119°54′13.07"），西北（N32°33′16.45"、E119°54′12.89"），东北（N32°32′17.46"、E119°54′22.64"）。

二、项目建设内容

项目建设内容	计量单位	单位造价	规模数量
一、基础设施建设			
1.道路	平方米	120元	5000
2.硬质渠	米	120元	5000
3.电力设施	米	50元	1000
二、生产设施建设			
1. 钢架大棚	亩	1.5万元	240
2. 遮阳网	万平方米	2万元	60
3. 防虫网	万平方米	3万元	20
4. 喷滴灌	亩	500—800元	1000
5. 新型薄膜	吨	1.6万元	81
6. 灭虫灯等设备	台（套）	6000—10000元	30
三、其他			
1. 蔬菜新品种推广	个	1.2万元	5
2. 蔬菜新技术研究	项	4.5万元	2
3. 标牌制作费	块	1.5万元	2

三、项目投资（万元）额

项目总投资900万元。其中：省级财政拨款300万元，单位自筹600万元。

项目经费预算

单位：万元

总计	资金来源			
	合计	省财政	市县财政	单位自筹
	900	300	—	600
一、生产设施补助	882	297	—	585
1. 道路	60	20	—	40
2. 硬质渠	60	20	—	40
3. 钢架大棚	360	105	—	255
4. 遮阳网	120	35	—	85
5. 防虫网	60	25	—	35
6. 喷滴灌	62	27	—	35
7. 新型薄膜	130	53	—	77
8. 电力设施	5	2	—	3
9. 灭虫灯等设备	25	10	—	15
二、其他	18	3	—	15
1. 蔬菜新品种推广	6	-	—	6
2. 蔬菜新技术研究	9	-	—	9
3. 标牌制作费	3	3	—	-

四、实施进度

本项目实施期间为9个月，2013年7月—2014年4月。

1.2013年7月—2013年12月，完成田间硬质路道、硬质渠及电力设施建设，新建钢架大棚160亩，新购遮阳网50万平方米，新购防虫网15万平方米，新购新型薄膜35吨，新安装喷滴灌设备800亩，新安装灭虫灯等设备30台（套），推广蔬菜新品种5个，研究蔬菜新技术2项。

2.2014年1月—2014年4月，新建钢架大棚80亩，新购遮阳网10万平方米，新购防虫网5万平方米，新购薄膜21吨，新安装喷滴灌设备200亩。

五、项目补贴农户（社员）方案（略）

六、项目绩效指标

1.项目完成后，将建成5500亩的大棚蔬菜生产基地，年可上市销售优质蔬菜3300万千克，年产生经济效益4950万元，新增经济效益550万元，亩平增收1000元。亩均纯效益比非项目区高出10.5%。

2.项目区农民收入比非项目区农民收入高出10.5%。

七、项目实施管理责任制

项目管理第一责任人：周社明

泰州市海陵区农业委员会主任、项目实施第一责任人：周粉根

泰州市海陵区丁冯蔬菜种植农民专业合作社

第四篇　村办工业

丁冯工业起步晚，发展快，规模大。20世纪50年代办酱厂，70年代办加工厂，90年代已有14家村办工厂。在发展自身工业的同时，吸引外来人员投资办厂。21世纪工业集聚区逐渐形成，到2023年年底，工业总体形成3个企业群，外来落户企业26家，规模以上企业1家，产值千万元以上4家，工业纯收入202万元。

工业集聚区之一

丁冯村工业起源于明末清初的造船业。丁家首先创办造船铺、铁匠铺，因经营有道，生意红火，不久“丁家铺子”声名远扬。清同治五年（1866），马常山带领他的四个儿子经营船厂，打造5吨以下农用木船。

丁冯村工业的发展，起步于1959年的丁冯酱厂。1972年，丁冯村开办粮食加工厂、挂面厂。1987年，办起了海陵棉绒厂和泰州市建材电子设备厂。1990年，

泰州市海陵建材电子设备厂

村集体经济取得了一定成效。村委会组建丁冯村工业办公室，委派丁年宝负责主抓工业生产和商贸流通。村工业办公室通过银行借贷和吸引民间资产获得了启动资金，村办工业发展突飞猛进。丁冯村先后创办了银杏食品厂、泰州市劳保服装厂、丁冯铸造厂、丁冯锻压件厂、泰州市互感器厂、泰州市毛绒玩具厂、泰州市东方食品厂。泰州市海陵建材电子设备厂生产的皮带秤供不应求，在当时被不少人称之为“小春兰”。

1992年，丁冯村组建北陵综合经营公司。1988年，丁冯村成立丁冯村经济合作联社，村委会一班人以经济工作为中心，丁冯工业发展进入“快车道”。

1996年，为扩大工业生产规模，解决工业发展用地需求，丁冯村委会接管了东郊乡160亩的水产养殖场，同时利用通扬运河扩宽的机遇，将养殖场50多亩鱼塘水面用作工程积土，扩大工业用地面积。

丁冯村在发展自身工业的同时，吸引外来人员投资办厂，先后有泰州市捷胜机械制造有限公司、泰州市海陵诚诚机械厂、泰州市海陵区恒业机械厂、泰州市勤悦机械制造有限公司、泰州市润耀机械有限公司、泰州市海陵区斯贝特数控机床厂、泰州市圣泽食品有限公司等一批企业入户丁冯村。至此，丁冯村工业总体形成四个板块：江洲北路东侧至

泰州市捷胜机械制造有限公司生产车间

泰州墓园段企业群、泰渔公路东侧企业群、高架南东场企业群、高架南东风北路企业群。

2000年，丁冯村接管朱庄砖瓦厂，建成砖瓦厂工业小区。2007年，东风北路打通，穿朱庄砖瓦厂而过，丁冯村抓住机遇，通过招商引资吸引了一批企业，如泰州市鑫慧金属制品厂、泰州市恒达机械制造有限公司、泰州市嘉欣建设工程有限公司、泰州市海陵区固泰标准件厂、泰州利鑫贸易有限公司、泰州强露新型建材有限公司等，形成了东风北路西侧工业区。

随着时间的推移，集体企业进行改制，一些小的私营企业和个体企业不断发展壮大，形成了有自我特色和规模的企业。规模较大的企业有：泰州市鑫慧金属制品厂、传统工艺的泰州市东方糕点厂，以及自主研发的泰州市恒达机械制造有限公司。

泰州鑫慧金属制品厂从一开始的小作坊发展为拥有大型自动化生产设备的现代企业，年生产销售额从几百万元增长到现在4500万元，目前资产多达2000万元，在城东街道工业企业中位于前列。

2006年，引进的东方糕点有限公司是海陵区传统工艺食品生产厂，其法定

鑫慧金属制品厂车间一角

代表人戚根森是泰州“三麻”（麻饼、麻糕、香麻油）非物质文化遗产的传承人，尤其以嵌桃麻糕最为值得称道，其制作工艺获得市级非物质遗产证书，产品信誉和知名度在苏中乃至整个江苏省有着广泛的影响力，并荣获江苏省多项荣誉称号。

2023年底，村自建集体厂房4000平方米，在丁冯落户的企业有26家，带动农民就业612人，村厂房、土地经营收入202万元。

江苏恒达环保机械有限公司

江苏恒达环保机械有限公司是一家专业从事各类滤油机的研制开发、生产制造、技术服务与销售为一体的高新技术企业。

公司自成立以来一直生产板框式滤油机，是全国最早生产板框式滤油机的企业之一。从1986年承接机械工业部技术发展基金项目——研发真空滤油机项目后，公司开始批量生产真空滤油机，从此成为全国最早生产真空滤油机企业之

恒达环保机械有限公司

一。1998年改制后，又广泛汲取国际先进的流体净化技术，特别是2008年公司确定了科技创新的发展方向后，通过与国外同行合作，以引进国外先进技术，广纳国内高端人才，使产品研发能力得到进一步增强。先后发明攻关了多项专利技术，独特的真空滤油机汽液分离塔结构设计大大提高了油水分离和油气分离效率。公司系机械工业部定点生产分离机械设备的单位。30年来公司在生产制造、产品检测、销售及服务方面已积累了丰富的经验。

同时，公司专注于流体净化技术的研发，本着科技与市场并重的理念，凭借现代化的管理、领先的技术、卓越的产品，以及多年来对行业深刻的理解及经验，为客户提供优质精准的服务及油品解决方案。公司作为国内大型滤油机生产企业，发展成为流体净化行业内技术、规模、实力均属一流的知名企业，在油品净化领域始终处于行业领先水平。先后研发的绝缘油滤油机、液压油滤油机、润滑油滤油机、透平油滤油机、高黏度油滤油机、离心式滤油机等产品质量处同行业领先地位。

公司所开发生产的15大系列，130多个规格的产品全部具有自主知识产权。产品广泛应用于电力、石油、化工、冶金、矿山、机械、航空、船舶、铁路、水泥、造纸、金属加工等领域，为广大客户降低能耗、节约成本、减少污染发挥了重要的作用。在国际市场上，公司凭借独有的多项专利技术，以高精度、高稳定、高效率、低能耗等优势成功服务于多国大型项目，产品已出口到全球40多个国家和地区。

泰州市海陵区鑫慧金属制品厂

泰州市海陵区鑫慧金属制品厂成立于 2004 年，是一家专业生产钢材拉丝的金属制品企业，占地面积3667平方米，职工15人，固定资产1200万元，年产值4500万元，利税102万元。企业拥有一支近20年专业生产经验、团结稳定的技术生产和创新队伍，具有自主知识产权，产品质量深受广大客户信赖。

企业全部采用先进的电脑控制技术来控制拉拔速度和后张力调节。采用窄缝式卷筒冷却技术，充分保证拉拔后线材的韧性。此外，该厂采用大盘重收线，盘重可达2吨，可实现不停车下线，保证了线材拉拔的通条均匀性。产品表面光洁度好，可供高质电镀的产品使用，并可缩减电镀或喷粉的时间。鑫慧金属制品厂拥有先进的退火设备和退火技术，所有产品都可按客户要求的软硬度和表面质量进行退火处理；还可按客户提供的样品或图纸开模定做其他规格的异型线。鑫慧金属制品厂跟江苏钰龙智能科技有限公司、泰州润杰、LG等单位常年合作。

鑫慧金属制品厂车间

产品加工现场

建厂20年来，鑫慧金属制品厂坚持诚信、自强、开拓、创新的企业精神，坚持团结、实干、严谨、效率的企业作风，与各界客户精诚合作，互惠互利，携手共进，为企业长久发展奠定了坚实的基础。

泰州东方糕点有限公司

泰州东方糕点有限公司是一个有着百年历史传承的食品工业制造企业。1952年，公司由百年老店“五云斋”“三元饼干厂”“魁星阁”三家茶食作坊合并成立食品制造部，并开始使用“红梅”商标，1956年将吉成祥、吉升等53家茶食商户进行公私合营，成立国营泰州食品厂（厂址：老东街）。1980年，国营泰州食品厂与国营泰州糖果冷饮厂合并为泰州糖果糕点厂（厂址：东城河畔望海楼），1980年5月，“红梅”商标经国家检测正式注册。1991年，泰州糖果糕点厂更名为泰州东方食品厂。1999年，企业改制变更为现在的东方糕点有限公司，2006年6月企业破产重组，东方糕点有限公司迁到城北下关泰朱路1号桥西侧119号。

该公司现有职工50多名，其中专业技术人员4名，管理人员9名。总资产2200多万，年产值1500多万元，固定资产1021万元（年产嵌桃麻糕100多吨，麻油120吨，月饼、面包、粽子、茶食糕点

上级部门来公司检查工作

200多吨，糖果类60吨）。利用现代的食品科学技术，结合古老的食品配方生产出具有地方特色的产品，嵌桃麻糕、小磨麻油、丝光薄荷糖、苏式月宫饼及传统茶食糕点、面包系列等深受广大消费者的欢迎。

泰州嵌桃麻糕源出明末清初泰州最古老的茶食作坊，1934年，原“吉成祥”制作的嵌桃麻糕获江苏省物品展览会一等奖，载入泰州地方食品史书；1952年，由食品制造部精心制作的嵌桃麻糕首批运送到朝鲜慰问中国人民志愿军战士；1958年，苏联主席伏罗希洛夫来我国访问时，省外事部门首选食品制造厂所生产嵌桃麻糕作为礼品馈赠；1979年，泰州食品厂生产的红梅牌嵌桃麻糕被评为江苏省名特优产品；1980年，法国友人康姆娣尔公司经理来泰州市品尝地方特色嵌桃麻糕，给予了极高的评价；1983年，40多个国家的驻华使者和商务参赞来泰州市考察时品尝了嵌桃麻糕并争相购买；1988年，嵌桃麻糕荣获中国首届食品博览会银奖；2010年5月12日，江泽民同志陪同外国友人来泰州考察，品尝了五仁斋的金刚脐、京果粉，品尝后赞叹不已。2010年12月，东方糕点有限公司生产的嵌桃麻糕被市人民政府、市文化局列入非物质文化遗产名录。2012年12月26日，胡锦涛同志到泰州考察，品尝了嵌桃麻糕、麻饼、黑芝麻油拌干丝，品尝后赞不绝口。

2014年3月30日，泰州老街桃园隆重举行万人观赏桃花节活动。泰州东方糕点有限公司在桃花节现场采用纯天然食品原料香糯米糕粉、麦芽糖、甘蔗糖、核桃油、蜂蜜、桃脯肉、草莓果酱、橙汁果酱、山楂糖球、鲜苋菜等，精心制作成长10米，厚4厘米，整体面积100平方米，重1840千克的桃花糕，供万名游客免费品尝。此次制作的桃花糕为世界之最，荣获上海大世界吉尼斯奖牌证书。

泰州东方糕点有限公司在百余年食品工艺配方的基础上不断改革，本着自信、自立、创新、诚信的宗旨，取得了跨越式发展，凭借食品企业就是良心企业的理念、优质的职业道德以及完善的现代化生产基地和先进的检测手段，实行购、产、销的全程控制，严把质量关，坚持创新无限、发展无限的方针，坚持以质量求生存，以市场求发展，实施“创品牌、树形象、保质量、求发展”的战略，生产出各种系列产品，以满足广大消费者的多样化需求，使消费者买得放心，吃得称心。

泰州东方糕点有限公司是有着百年食品传承的老企业，特别注重产品质量和服务质量。

抓好原料第一关，不符合质量标准原料不予采购，含有不当添加剂原料不予采购，没有合法营业执照、检测报告、生产许可证都不予采购，低价值的原料不予采购。采购的食品原料，首先由质检

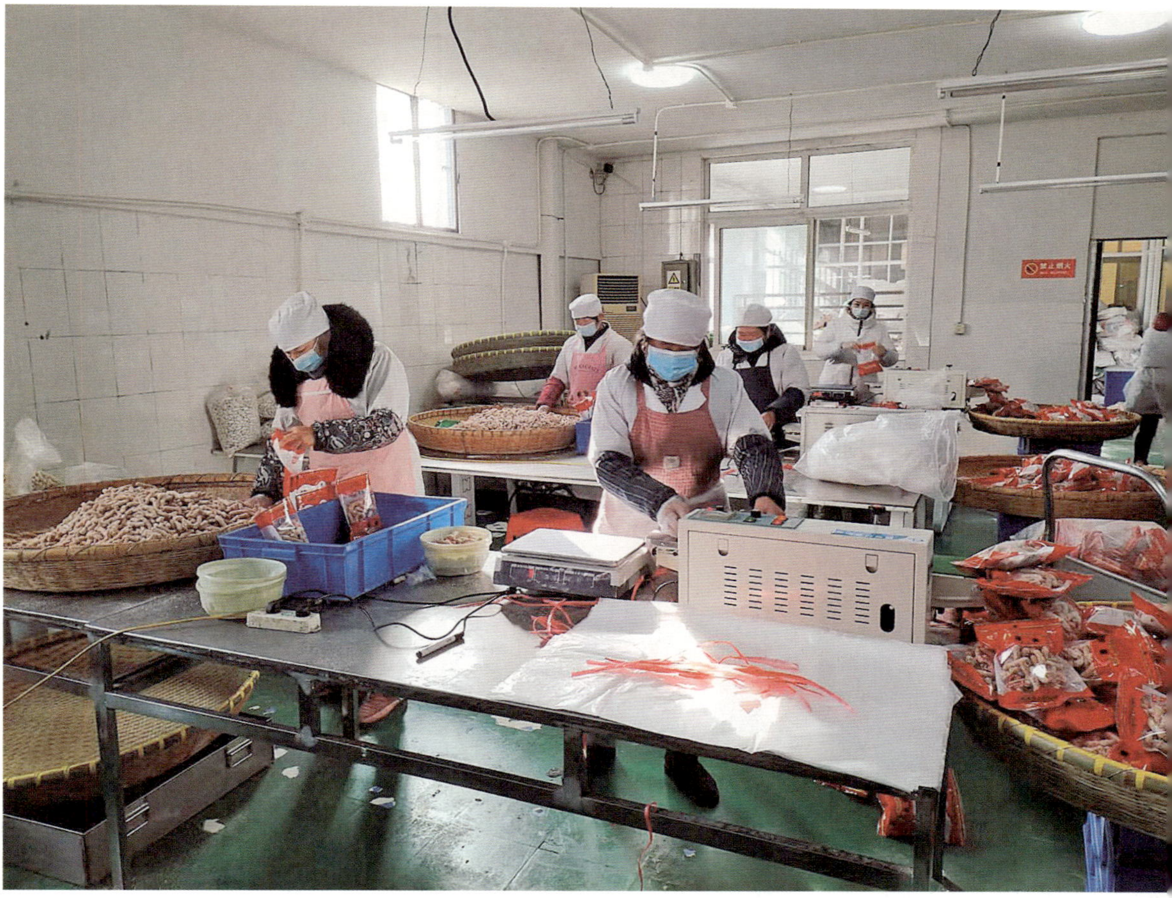

东方糕点有限公司生产车间之一

员、化验员查看对方营业执照、生产许可证、化验检测报告等，抽样化验取证合格后，质检员、化验员在购单签字方能入原料库。

在生产过程中，确保车间环境清洁，无鼠、无蝇、无虫。每天生产结束后专人为车间负责开亮紫外线杀菌和醋酸烟熏。全厂工人每年春季组织一次体检和质量安全卫生理论培训。上班进入车间必须更换工作服、帽、鞋，戴口罩，进出要洗手消毒。成品进入包装间，质检员检查后，如发现不符合产品质量要求（形态、克重、色质、口感等）就回收，给车间当事负责人扣分，开清单转入财务室，在发放年终奖时扣除，严重者罚款。切实增强全厂每个职工的食品质量安全的责任感、使命感、紧迫感。

在市场销售过程中，派专人与商户、客户联系沟通，了解本公司产品的反馈信息，及时跟踪改进处理。

产品在市场销售过程中接近保质期坚决召回更换，被召回产品由专职检验员记录日期、数量，作报废处理卖给养猪场作饲料。

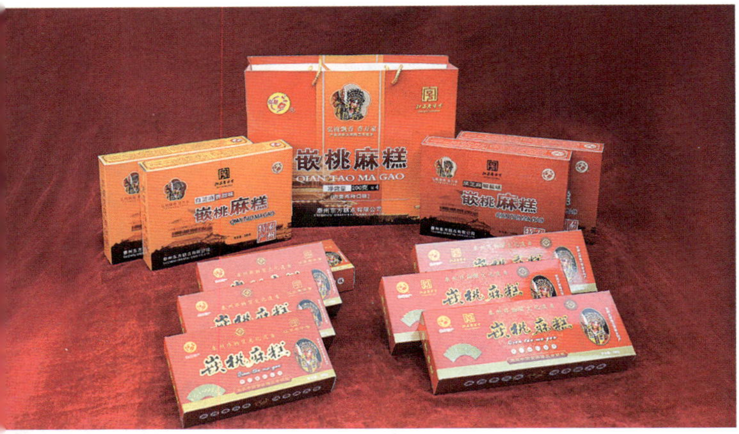

东方糕点有限公司产品——泰州“三麻”

在确保质量稳定的基础上，不断研发新品种上市，如抹茶嵌桃麻糕、海苔嵌桃麻糕、肉松嵌桃麻糕、脆饼、黄桥烧饼、黑芝麻油。随着新品种知名度不断提升，每年有远在新疆、黑龙江、甘肃、上海、北京、山东、安徽、四川等地旅游客人都慕名来电求购，不论需求产品多少，公司都热情接待，免费为他们送货上门，赢得广大客户赞誉。

公司以更新观念为先导，以技术创新为基石，尊重知识、发展人才，每年引进专业人才数名。公司与天津科技大学、无锡食品轻工学院、江苏农牧科技职业学院等大专院校协作挂钩，共同开发研制食品新系列，不断创新，使“弘梅”产品再创辉煌。公司每年将“弘梅”系列产品参加国际、国内的各种展览会，耗资数十万元。并利用各种媒体、电视台、报纸、杂志宣传“弘梅”产品，使“弘梅”产品发展无限。

由于企业始终保持传统特色工艺、特色配方和质量稳定，从2009年至今，连续荣获泰州市名牌产品证书。

2009年，企业为应对市场竞争和防假冒产品商标侵害，重新申请注册并正式启用“弘梅”商标，寓意东方人将永远继承和弘扬红梅精神。

为了企业长期发展，确保食品质量安全，公司在兴化合陈镇东向阳村建立食品原料种植基地550亩。种植芝麻、香糯米、绿豆、红豆、小麦、菜籽、核桃树，不使用农药和化肥，实施有机肥，循环生态无公害种植，为食品生产加工安全提供了第一保障。以东方糕点有限公司为主体公司+基地+农户，2010年12月注册成立东方食用原料专业合作社。

在原料基地建一个小型规模粮食加工基地，配合食品生产加工所需周期，及时加工供应，保持原料品质新鲜。

根据食品行业特点，利用加工剩余废料和市场过期食品召回处理，报废产品供养殖基地作饲料，既解决种植物所需有机肥的问题，又解决召回食品报废如何处理的问题，形成无公害循环利用一体化。对企业从食品原料开始有一个标准化、无公害、一条龙生产基地，确保食品生产加工先从源头抓起，提供了可靠质量保证。同时扶持了当地农民，提高了农民经济收入，也符合国家提倡增效农业一体化发展策略。

目前企业正进入新的发展时期，新一代产品正在研发核桃油、菜籽油、大豆油等，压榨、加工、生产农产品一条线，蛋制品、酱制品、肉脯加工等农产品加工整体一条龙。为进一步扩大企业发展的规模，在海陵区物流园街道办购置土地6667平方米，建新标准厂房。新厂房落成后按目前国家食品卫生法环境新标准要求，同时结合老字号企业传统特色要求，新增一条龙生产食品线，净增产值2000万元，利税200万元。

泰州东方糕点有限公司作为市级龙头企业，在百余年食品工艺配方的基础上始终坚持传承与发展，取得了骄人的业绩，先后荣获“中国首届食品博览会银奖”“江苏质量诚信消费者信得过示范单位”“江苏省消费者信得过AAA级品牌企业”“江苏省质量安全诚信五星企业”等称号，被江苏省商务厅授予“江苏老字号”。

江苏老字号

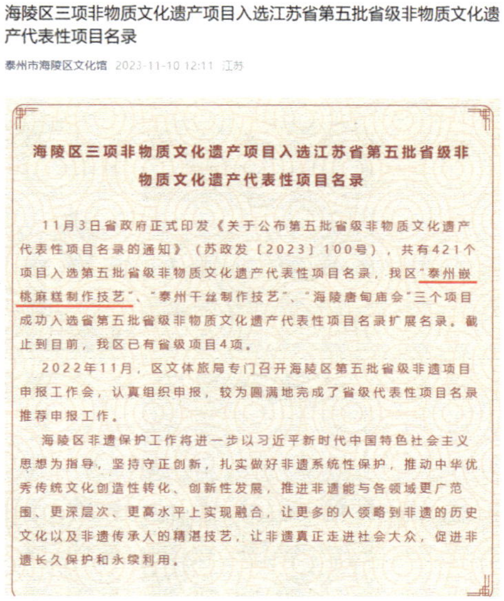

海陵区三项非物质文化遗产项目入选江苏省第五批省级非物质文化遗产代表性项目名录

泰州市海陵区文化馆 2023-11-10 12:11 江苏

海陵区三项非物质文化遗产项目入选江苏省第五批省级非物质文化遗产代表性项目名录

11月3日省政府正式印发《关于公布第五批省级非物质文化遗产代表性项目名录的通知》（苏政发〔2023〕100号），共有421个项目入选第五批省级非物质文化遗产代表性项目名录，我区“泰州嵌桃麻糕制作技艺”、“泰州干丝制作技艺”、“海陵唐甸庙会”三个项目成功入选省第五批省级非物质文化遗产代表性项目名录扩展名录。截止到目前，我区已有省级项目4项。

2022年11月，区文体旅局专门召开海陵区第五批省级非遗项目申报工作会，认真组织申报，较为圆满地完成了省级代表性项目名录推荐申报工作。

海陵区非遗保护工作将进一步以习近平新时代中国特色社会主义思想为指导，坚持守正创新，扎实做好非遗系统性保护，推动中华优秀传统文化创造性转化、创新性发展，推进非遗能与各领域更广范围、更深层次、更高水平上实现融合，让更多的人领略到非遗的历史文化以及非遗传承人的精湛技艺，让非遗真正走进社会大众，促进非遗长久保护和永续利用。

省级非遗项目

泰州市海陵区恒业机械厂

泰州市海陵区恒业机械厂是一家专业的洗涤设备制造企业，厂址位于泰州市海陵区刘北路103号。企业主要产品有全自动洗脱机、工业洗衣机、脱水机、工业脱水机、离心脱水机、蔬菜脱水机、蒸汽烘干机、电加热烘干机、烫平机、电加热烫平机、熨平机、水洗机、服装石磨水洗机、袜子染色机、地毯清洗机等各类洗衣房设备。

该企业具有先进的制造工艺，独具匠心的产品结构，为客户提供一体化的洗衣房设计方案，满足用户真实需求，为用户提供洗衣房设计、设备选型、安装调试、维修及技术培训。产品广泛应用于洗衣厂、服装厂、水洗厂、漂染厂、砂洗厂及宾馆、饭店、医院、学校、招待所洗衣房等。

为扩大生产规模，加速企业发展进度，2004年，泰州市海陵区恒业机械厂在丁冯村刘北路厂区投资900多万元新建厂房，占地面积4000平方米，有技术工人40余人，销售人员20多人，产品种类涵盖各类洗涤机械设备，并根据客户要求个性化定制产品，企业年销售额达到800多万元，产品畅销国内各地。

随着互联网的兴起，网络销售日渐流行，泰州市海陵区恒业机械厂抓住契机，在阿里巴巴等大型电商平台上销售产品，为企业拓展全新的销售渠道。2012年，该厂制定企业长期发展规划和目标，紧盯国外市场，拓展外贸业务，通过外贸平台，产品畅销至南美、韩国、新加坡等地。

至2023年，泰州市海陵区恒业机械厂研发制造的大型联合地毯清洗机，填补国内空白，产品的性能和质量都处于世界领先地位。

泰州市海陵区恒业机械厂产品

附录：

丁冯村企业生产情况一览表（1959—2023）

表 12

企业名称	法人代表或负责人	亩数	销售（万元）	利税（万元）
丁冯造船厂	马文庆	0.8	0.36	0.07
丁冯酱厂	沙长松	0.5	0.32	0.06
丁冯粮食加工厂、挂面厂	全阿妹	1.5	0.85	0.12
泰州市宝辉阿姆瑞克工艺品有限公司	王国裕	7	463	26
泰州市海陵建材电子设备厂	马年瑾	3.9	312	20.3
泰州银杏食品厂	林　剑	2	34.8	3.7
泰州市兴达服装厂	王庆春	3.5	146	12.3
泰州市互感器厂	丁六根	0.5	95	8
泰州市渡江船厂	丁永明	7	292	19
泰州市海陵棉绒厂	丁灯红	1.5	34.5	4.3
泰州市全马电器厂	丁永湘	3	180	12.3
泰州丁冯玻璃纤维厂	吴广标	1.5	28	2.2
泰州市特种电容器厂	高志信	3.5	545	36.2
泰州市海陵区鑫慧金属制品厂	伏坚根	5.5	4500	102
泰州市海陵区恒达机械制造有限公司	徐国华	3	810	96
泰州市海陵区固泰标准件厂	顾同春	3	460	50
泰州市嘉欣建筑安装工程有限公司	储春海	10	1200	72
泰州市利鑫贸易有限公司	宋红兵	5	1687	82
泰州市海陵区远东工业气体有限公司	张来富	3	280	13
泰州东方糕点有限公司	戚根森	3	142	7.2
泰州市捷胜机械制造有限公司	丁永明	10	537	27.5
泰州市广润塑业有限公司	陆　斌	0.8	200	12.5
泰州市海陵区海达机械厂	陶佰章	0.5	60	3.5
泰州市海陵区斯贝特数控机床厂	陶　猛	5	820	71

续表

企业名称	法人代表或负责人	亩数	销售(万元)	利税(万元)
泰州市海陵区诚诚机械厂	钱小勤	3	910	81
泰州市勤悦机械制造有限公司	丁素勤	3	300	26
泰州润耀机械制造有限公司	杨耀明	2.5	600	56
泰州市海陵区德华橡塑五金电器厂	王新华	6.8	145	12
泰州市海陵区志宏塑料加工部	余金珠	3	160	37
泰州市海陵区恒业机械厂	吴红扣	6	800	13
泰州市龙赟船用阀门有限公司	于秀平	1	630	50
泰州市海陵区双铃船用件加工部	吴双林	2	60	5.8
泰州市海陵区梅陵印刷有限公司	戴　平	0.5	58	3.2
泰州市海陵区兴顺锻压件厂	王克顺	3	92	11
江苏强露新型建材有限公司	宋爱山	6	1060	96
泰州市业恒物资有限公司	陈玉良	3	170	20.1
泰州市海陵区芃博贸易有限公司	全来彬	7	61	9.8
江苏顺通混凝土制品有限公司	魏　栋	31	1800	201
泰州市海陵区红霞金属制品厂	陈新年	1	38	6

第五篇　村落文化

丁冯村有丰富的文化底蕴，古有华严寺，近有渡江战役造船旧址。古老而又年轻的村落里，有历史悠久的传统行业，还有幽默风趣的民间传说；有生动鲜活的人物故事，还有丰富多彩的文艺活动。百姓大舞台、文体活动室，丰富了村民的精神生活。

渡江造船旧址

丁冯村造船业有着悠久的历史。1949年初，中国人民解放军百万雄师准备渡江，驻泰州的苏北支队司令部成立了船舶工程处，考虑到渔行、丁冯濒临长江，而且木匠众多，又是当时的造船集中地，于是将渡江造船地址选定在丁冯的“野槽坊”。工程处任务下达后，丁家、马家的船厂和木工迅速投身造船行动中。他们不分昼夜，不顾劳累，拼命赶工。为阻止渡江战船的修造，国民党空军经常派飞机来轰炸骚扰，船工们挑灯夜战，大家克服困难，全力以赴，按时完成任务。时任泰县参议长，后任南京博物院副院长的徐观伯这样写道：

渡江战役造船旧址

雄狮指日长江渡，亲友动员船赶排；
早晚全国来解放，祖传本事使出来。
敌人垂死更疯狂，族人惨遭敌弹伤；
亲友造船应加快，国仇家恨齐讨偿。
炸弹烧起胸中火，运斧成材造大船；
平毁对岸乌龟壳，大炮尊以水上浮。

1992年，为缅怀和纪念渔行、丁冯工匠们为渡江胜利作出的重大贡献，泰州市人民政府在渔行实验学校内竖立起“渡江战役造船旧址”纪念碑。

华严寺

古华严寺

华严寺坐落在丁冯村南大河边上，四周风景优美。华严寺依据佛教经典《华严经》取“慈悲之华，必结庄严之果”的大乘教义而命名，距今已有200多年的历史。华严寺原名华严庵，里面住的不是尼姑，而是和尚，因为冯家河也有一个尼姑庵，住在华严庵的和尚就将庵改为华严寺。古时的华严寺和尚并不多，香火也不旺，和尚们只能靠寺庙前的一块地自食其力。华严寺占地1亩多，前后两进，中间为庭院，两侧是厢房。前厅东西两侧供奉着四大金刚，一尊弥勒佛端坐中间。庭院里面摆放晨钟暮鼓，中间有一千手观音，后间是大雄宝殿，供奉着如来佛祖。丁冯及周边村民常来这里烧香拜佛，香火终年不断。

豆腐坊

据村中老人介绍，丁冯“万家豆腐坊”制作豆腐已有一百多年历史，万家豆腐坊旧址依河而建，位于丁家沟河边，豆腐坊外形简朴，土砖墙、毛竹和稻草建成的屋顶，堂屋西北角设有一石磨，石磨上架着推磨用约2米长的磨架，磨架的扶手已被磨得锃亮，足以看出岁月的痕迹。石磨在磨坊主人的推动下发出“吱吱呀呀”的声音，似乎在讲述着一段段古老的故事，石磨的西侧是筛豆浆的吊浆架，三根交叉的木棍下挂着一张白布，吊架下面放着一口大缸，当豆子被石磨洗礼后形成的白色液体被倒进吊架上的筛布里，坊主双手握棍左右摇摆，乳白的豆浆软软地从筛布外侧滑落进大缸中，筛布袋子里剩下的豆渣可用于制作养鱼、养猪的饲料或农户种田的肥料。堂屋与西屋贯通着几根粗大的圆木承受着屋顶的重量，西屋的南半部分是一座大土灶，北半部分是柴房堆放着大量的木材，南北方向灶台之上排列着两口大铁锅，两口大锅之间有一口小锅，泰州方言叫作“汤罐”，它是用来烧开水的。过滤后的豆浆用木桶倒入锅中，坊主生火煮浆，炊烟袅袅，乳白的豆浆在锅中翻滚，豆香四溢。烧浆，就是把锅里的生豆浆熬熟。过去是拉风箱，烧秸秆、干树枝等。把豆浆烧开，这便是人们常喝的“熟豆浆”。豆浆熬熟后，点浆是必须掌握好的关键技艺。万家豆腐坊的泡豆磨浆与其他豆腐坊无异，点浆是他家的独门绝技，经过几代人的传承已经达到了极致。可用膏，可用卤，点浆时把备好的点卤材料用水瓢放入滚烫的豆浆中，放一瓢卤，要舀起豆浆撩一下，这样放进的卤水才均匀。放卤多少，看缸里豆腐脑能否清浆（水）而定。万家豆腐坊点出的豆腐脑，柔嫩细滑，入口即化，回味甘甜。点完浆后盖上缸盖，待浆成脑就可以压包，把已形成块状的豆腐脑一瓢瓢装入包袱袋中，十字插花形把包袱紧紧系住，用一块平整木板放在包袱上，然后用杠

豆腐制作

杆加力，杠杆的一头加上一块四五十斤重的石块。压制的时间就全凭经验了，豆腐坊老板总能根据顾客不同的需求来控制时间，成就豆腐的口感，估计这也是豆腐坊能传承百年的秘诀所在吧！时间到了再把石块、木板搬掉，打开包袱，坊主拿起小铜刀片，快速而匀称地划出一块块白生生的豆腐。

一家百年老店凝结着一方百姓的豆腐情结，已经超越了豆腐本来的意义。在那个物资匮乏的年代，每当进入腊月，各家各户都要准备几十斤浸泡过的黄豆，到万家定做几案豆腐，留着过年享用。每每到了此时，豆腐坊里盛况空前，通常豆腐坊会彻夜不歇地劳作，豆腐坊里腾腾的热气与人们的忙碌声交织成一种非凡的热闹场景，透着浓浓的年味。随着时代的变迁，人们的生活质量不断改善，在老一代人的心中仍然保留着这种情结，过年不做点豆腐似乎年味就不足，总觉得差点什么。由于“万家豆腐”口感好，风味独特，即便到了现在，一进腊月门，十里八村的村民仍然赶过来加工豆腐。泡黄豆做豆腐这种情结，已成了丁冯附近村子老百姓过年的一种标志了。现在，丁冯万家豆腐坊已经传到第四代子孙。万家豆腐坊尽管更新了一些现代化的设备，但仍然保存了柴火烧浆、卤水点浆的传统工艺。这恰恰造就了现在工业化生产的豆腐所不能比拟的味道，也是“万家豆腐”至今远近闻名的关键所在，凭这一点使得豆腐坊至今仍然生意红火，许多客人慕名而来，只为品尝正宗的万家传统老豆腐。

万家豆腐坊俨然成了丁冯村一张地地道道的特产名片。

造船业

丁冯村造船业始于明末清初。从苏州阊门移居到丁冯的人们居住在四周环水的埝岸上，出行很不方便，家家户户的交通工具便是小小的木船，于是造就一批造船手艺人。

造船一般经历六个步骤：一是选料，一般都使用身轻且抗水防腐力强的杉木；二是放样；三是棚骨；四是上劲梁；五是捻缝；六是油桐油。木匠一个带一个，一个带一批，一代传一代，一时间成了家庭经济收入的主要来源。丁冯村造船业也由此逐渐兴旺起来。

丁家首先创办造船铺、铁匠铺，因经营有道、生意红火，不久“丁家铺子”声名远扬。民国后期，丁家后辈丁长福（人

施工现场

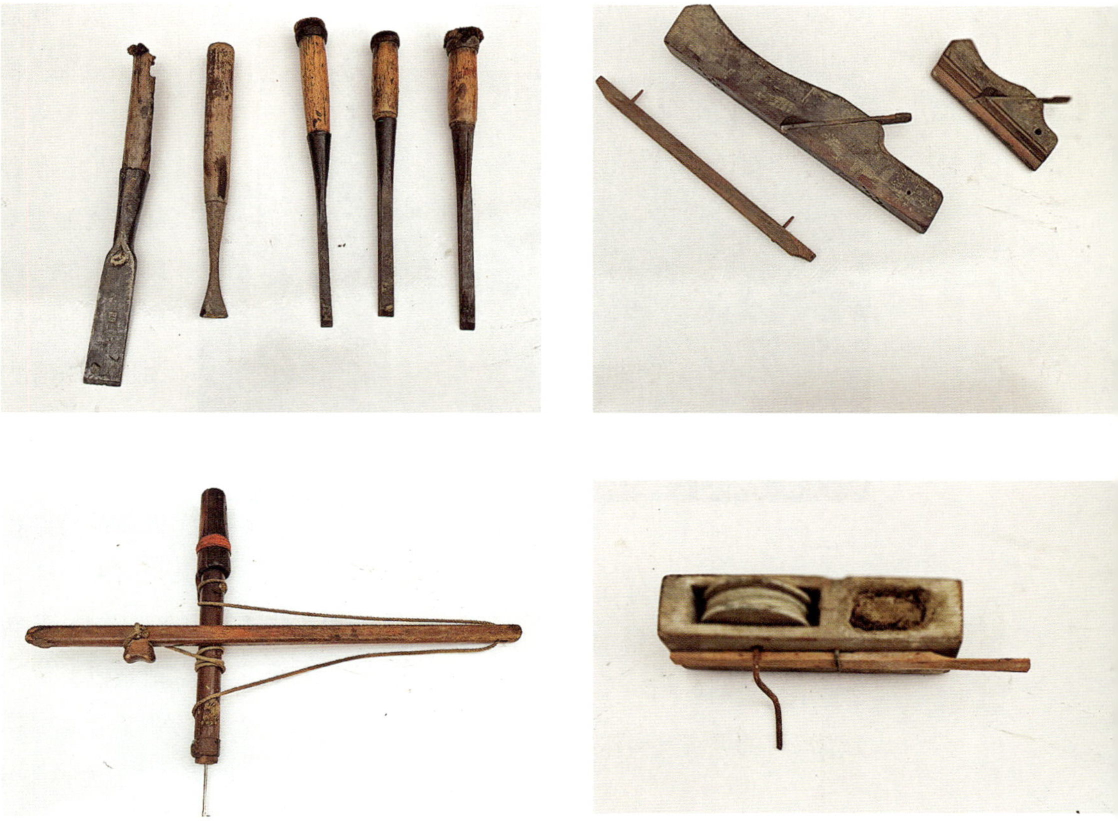

造船木匠用具

称丁五）的儿子丁荣安，常年为栓帮造船，一单合同就有十几条船，丁荣安成了丁冯村造船业的带头人。

马家造船厂创办于清同治五年（1866），创始人马常山带领他的4个儿子经营船厂，打造5吨以下农用木船，大儿子马文亮参与管理，二儿子马文奎负责业务，三儿子马文学监管工地，四儿子马文庆自主创办棺材铺，直至20世纪30年代，他继承父业，停办棺材铺，转办船厂，为专业运输户建造大型商业用船。1949年年初，本地造船业处于鼎盛时期，有造船社和两家造船厂，其中丁冯木船厂有百余名工人，村里几乎每家每户都有人在船厂上班，当地木匠众多，父子相传、兄弟相授比比皆是。木匠手艺水平极高，许多师傅不需要设计图纸，单凭多年的经验就能建造出一条严丝合缝、经久耐用的木船。正因如此，当地造船厂才被驻泰州的苏北支队司令部船舶工程处选为渡江战役造船厂，为解放军定做船只。丁家、马家船厂的木工投身造船的行列中去，为解放全中国贡献了一份力量。

渡江船厂旧址

1994年，丁冯渡江造船厂在卤汀河畔挂牌成立。渡江造船厂经营十多年，建造了上百条成千上万吨的钢质运输船，为丁冯村的经济发展作出了重大贡献。

砖窑业

20世纪80年代初，随着改革的春风，村民的土坯房已经不能满足人们生活的需求，丁冯窑业应运而生，轮窑和小土窑相继发展起来。轮窑四周有十多个小门，用作装运砖坯及成品砖出窑。轮窑的顶部有屋架遮盖，窑顶上有若干个加煤孔，四周可以行人，可以推车。轮窑装坯从1号门开始依次往后装，每个门装好后将窑门砌砖封闭。一般装至5号门时准备生火，然后继续装运砖坯进窑。轮窑的生火是一件大事，一年只有一次，从开始装窑时，窑工师傅就在窑室内1号门前砌一个2平方米左右大火膛，同时准备不少木柴作为生火的辅助燃料。轮窑生火后常年不息，直至年底春节前停火，对轮窑做简单的保养维护。生火的当天早晨，轮窑的老板准备猪头六只眼（猪头、鲤鱼、公鸡）和大斗香，在窑室前敬供菩萨，燃放鞭炮，祈求生意兴隆，财源茂盛，平平安安。当天还有不少的亲朋好友前来祝贺。

生火时，烧窑师傅将事先准备好的辅助燃料放入火膛内点燃，然后加入煤

丁冯窑厂旧址

炭，大约燃烧数小时之后，关闭火膛。此时窑室1号门内砖坯已被烧红，温度可达1000℃。烧窑师傅便来到轮窑顶上通过加煤孔向窑内不断加煤，逐渐向前缓慢燃烧。根据窑室内砖坯燃烧的成熟度，慢慢停煤、停火。停火后开启窑门，待冷却后即有成品红砖出窑。

小土窑四周有1个小门为装运砖坯，1个耳门运出成品砖。窑洞里有一个约2平方米的火膛，烧窑工用铁锹将煤炭不停地往里面添加，温度可达1000℃，连续15个昼夜不停地燃烧，整个窑洞里像熔化的铁水一样，红彤彤的。此时专门“看火”的师傅和负责“窨水”的师傅共同确定“窨水”的时间，水从窑顶进入窑内，马上听到“丝丝”水声，看到烟雾腾空，待无声无息后，成品青砖便制成了。

20世纪90年代初期，随着时代的变革和新型建筑材料的推广，丁冯窑业成为历史，永远留存在人们的记忆里。

烧窑

表演团队

丁冯戏曲艺术团

泰州市海陵区丁冯戏曲艺术团成立于2012年4月，团长张荣山，成员有40人，大多是来自丁冯本村的文艺爱好者，演出以腰鼓、舞蹈、说唱为主，同时也编排了一些扬剧节目，如《僧尼下山》《王瞎子算命》。随着人民群众对文化生活

丁冯戏曲艺术团

的需求不断提高，艺术团为了生存和发展，自筹资金购置音响、电子显示屏设备、舞台灯光布景等，舞台演出逐步走上正轨。2014年有演员29人，乐队6人，音响字幕及剧务人员5人，主演节目有大型古装戏《五女拜寿》《珍珠塔》《夜明珠》《三进洞房》《李三娘》等。2014年正式受邀演出21场次，2015年演出42场次，2016年达45场次，艺术团的演出深受广大人民群众的喜爱和称赞。2016年6月，艺术团以10万元注册资金领取社会团体执照，成为一个政府指导、村民自治的社会艺术团体。艺术团在海陵区文化主管部门的指导下，常年参加惠民演出，送戏下乡，走进社区，为丰富海陵文化生活贡献力量。

丁冯村腰鼓队

丁冯腰鼓队成立于2005年，人员都是来自本村的舞蹈、歌唱爱好者，最初成员仅20人左右。早期，由爱好者们自编自导腰鼓《开门红》、扇子舞《春天的故事》、莲湘、“说唱三句半”《四大嫂十唱丁冯》等节目，在区、街道等庆典大会上演出，并定期参加辖区内组织的演出，丰富了村民的业余文化生活，获得群众的一致好评。丁冯腰鼓队不断进行人员扩

惠民演出

容，2022年改名为丁冯村向阳花开志愿服务队，有成员30人左右，并邀请舞蹈老师，编排演出扇子舞《红红火火中国年》《功夫扇》、斗笠舞《阿哥爱阿妹》、红歌现代舞《没有共产党就没有新中国》等一批优秀节目。

刘垛舞龙队

1998年年底，唐甸积庆庵维修粉饰后，重现昔日辉煌，三三庙会活动即将恢复正常。刘垛自古就与唐甸庙会联合行动，于是刘垛人捐资购置两条彩色长龙，召集20多名男女青壮年组成舞龙队，在农闲时间抓紧训练，天寒地冻从不懈怠，刮风下雨也不停歇，以确保来年参加唐甸三三庙会。

1999年的唐甸三三庙会，盛况空前，万人空巷。刘垛的两条彩色长龙特别引人注目，他们的表演活灵活现，出尽风头。随着铿锵有力的锣鼓阵阵响起，穿着艳丽服装的舞龙队员，双臂奋力挥舞。巨龙腾跃翻滚，连天接地。龙的精神，龙的传人，浑然一体，相得益彰。

刘垛舞龙队参加唐甸三三庙会已有20多年。他们还经常接受邀请参加村内外各种庆贺活动。

丁冯腰鼓队

刘垛舞龙队表演现场

双龙戏珠

劳动号子

踏车号子

（一）
先生不来叫我来，
鸟为食亡人为财，
黑鱼为的看窝死，
山伯只为祝英台。
李三娘为的刘知远，
赵五娘为的蔡伯喈，
小顽车不为别的事，
只为龙车水不来。
（二）
锣鼓打得闹哄哄，
龙车上面访宾朋。
唐王访的薛仁贵，
文王访的姜太公，
萧何张良访韩信，
铫期马武访真龙，
刘备三请诸葛亮，
南屏山上借东风。

栽秧号子

（一）
小姐不来叫我来，
不比小姐好文才。
小姐唱的诗书文，
农妇只唱葱韭菜。
小姐好比一棵韭，
前刀割去后刀有。
农妇好比一棵葱，
外面好看里面空。

栽秧

闲言碎语甩在外，
草号抛砖引玉来。
（二）
正月望郎郎不来，
姊在房中绣花鞋，
绣的千针和万线，
绣出相思情满怀。
二月望郎是春天，
心事不闲做针线，
眼睛蒙胧做美梦，
好像小郎到眼前。
三月望郎杨柳青，
冬去春来过清明，
高堂望郎尽孝心，
小妹望郎诉心愿。
四月望郎菜花黄，
姊在田中插秧忙，
一趟四行只栽三，
留下一行等小郎。
五月望郎槐花开，
姊在池中把藕栽，
不等开花结莲子，
只盼花开小郎来。
六月望郎河边站，
热风阵阵透衣衫，
汗湿衣裳干有时，
相思眼泪何时干。
七月望郎是秋天，
整整望郎大半年，
牛郎织女鹊桥会，
唯独小妹空望天。
八月望郎雁门开，
孤雁脚下带霜来，
大雁知道回家转，
郎妹何日鸳鸯爱？
九月望郎菊花黄，
菊花做酒满缸香，
娘叫女儿多醉酒，
小郎不回莫痴想。
十月望郎风萧萧，
黄芹枯落到处飘，
小妹今年十八九，
望郎望得瘦了腰。
冬月望郎花轿红，
红绫绸被铺床中，
两头摆下鸳鸯枕，
一枕有人一枕空。
千年铁树会开花，
有情鸳鸯终成对。
来春再唱二十首，
不信君郎唤不回。

抬夯歌

石夯由夯头、夯把和几根粗麻绳构成。夯头通常用青石碇子做成，石夯的四个侧面都是上窄下宽的梯形。上面的四方形边长30厘米左右，底部的四方形边长40厘米左右，高不足1米，重量约一二百千克。抬夯时，最美最耐看的，就是喊号子。领号人可不简单，嗓子要好，要有喊半天不喝水，嗓音不变调的本

上梁

领。脑筋要灵活，要求要眼观六路、耳听八方、随机应变、现场编词、胸中有才、声音洪亮、能喊得出。喊号的内容不是千篇一律、固定不变的，都是诙谐幽默、积极向上、鼓舞士气的。还要讲究节奏，就像打鼓要打在点子上，有张有弛，韵味十足，喊号子的和抬夯的才会形成一种合力。

领号子的人，往手心里啐一口唾沫，然后手握夯把，两边各站几个壮劳力，人人铆足了劲，双手紧握拉绳，像将要出征的士兵等候领号子人的一声令下。随着领号子人那粗犷豪放的声音，壮汉们两脚前后站立，右腿弓、左腿绷，挺直腰板，后仰身子，用尽全力拉绳子，夯石被高高地拉起，接着，大家按照拍子的节奏，快速松开绳子，夯石重重地落在地上，夯出一个深坑，震得大地颤抖，那响亮高亢的号子声，响彻整个村庄。

领："拉起个夯来!"

众人："哟哟嗨!哟嗨呀一个哟嗬嗨，啊嗨哟一个哟嗬嗨哟，嗨嗨呀胡尔嗨!"

领："同志们呐，加把劲呀！"

众人："加把劲呀!哟嗬嗨！"

领："角角棱棱要打到呀！"

众人："要打到呀，哟嗬嗨嗨！"

领："小心砸了你的脚呀！"

众人："知道了呀，哟嗬嗨嗨！"

领："高高抬啊，稳稳地放啊！"

众人："稳稳啊，哟嗬嗨嗨！哟嗬嗨嗨！"

领："地基打的好哇！"

众人："哎哟的嗨嗨！"

领："房子永不倒哇！"

众人："哎哟哎哟的嗨嗨，哎哟的嗨嗨！"

领："水灾也不怕呀！"

众人："哎哟的嗨嗨！"

领："我们用劲打啊！"

众人："哎哟的嗨嗨！"

领："盖房啦打夯啦，来干活咯！"

众人："哎哟的嗨嗨！"

领："盖新房哦！"

众人："哎哟的嗨嗨！"

领："娶新娘哦！"

众人："哎哟的嗨嗨！"

领："抱孙子哦！"

众人："哎哟的嗨嗨！"

领："媳妇俊哦！"

众人："哎哟的嗨嗨！"

领："抬起来哦！"

众人："哎哟的嗨嗨！"

领："加把油哦！"

众人："哎哟的嗨嗨！"

领："抬几夯哦！"

众人："哎哟的嗨嗨！"

领："大伙齐心干哦！"

众人："哎哟的嗨嗨！"

领："人人干劲高哦！"

众人："哎哟的嗨嗨！"

领："中午有酒喝哦！"

众人："哎哟的嗨嗨！"

领："马上抽支烟哦！"

众人："哎哟哎哟的嗨嗨，哎哟的嗨嗨！"

打夯歌没有固定的歌词，夯歌的作用是指挥协调，统一步调。

民歌民谣

送情郎

结交了个干妹妹，
家住高邮西北乡。
写一封亲书信，
带给二八女姑娘，
二八佳人拆开书信看，
二目不停泪汪汪。
到了清明寒食节，
约好了情郎哥哥一同去敬香。
敬香以后二人谈家常，
一进庙门哼哈有二将。
二进庙门四大有金刚，
泥头老佛坐在正中央。
左手带我的郎点上头烛，
右手带我的郎插上一炉香。
双膝跪在蒲斗上，
一不是烧香求富贵。
二不是烧香求寿禄，
求只求干妹干哥配成双。
送郎送到小桥西，
扶着栏杆哭了一大气。
哭只哭干妹干哥马上要分离，
恨只恨天老爷不成全。
下了场毛毛雨，

下得大街小巷滑欺又滑欺。
怕只怕才郎哥哥,
一个跟头跌下地。
左手带我的郎,
打着一把油纸伞,
右手替我的郎扎把衣。
怕只怕我的郎大褂拖到泥。
送与大嫂洗,大嫂又不肯洗。
送与二嫂洗,撂在脚桶里。
怕只怕情郎哥哥知道要生气。

节令农事歌

立春天气暖,雨水粪送完。
惊蛰快耙地,春分犁不断。
清明插树秧,谷雨浸稻粒。
立夏点瓜豆,小满停种棉。
芒种收新麦,夏至做黄梅。
小暑耘收忙,大暑歇伏天。
立秋修仓廪,处暑摘新棉。
白露稻登场,秋分运囤前。
寒露忙副业,霜降勤翻田。
立冬积灰粪,小雪把菜腌。
大雪罱河泥,冬至下基肥。
小寒备年点,大寒过新年。

情歌谣

姐姐门前一棵槐,手攀槐树望郎来。
娘问女儿望什么,我望槐花几时开。
姐姐门前一棵桃,爬上桃树把郎瞧。
娘问女儿望什么,我看结了几个桃。
姐姐门前一棵松,望郎不到一场空。
三餐茶饭不想吃,哭得双眼红又肿。
杨木扁担五尺长,肩挑水桶望情郎。
望郎望断大河水,丢下水桶哭一场。
太阳下山黄又黄,姐姐烧水等才郎。
锅里烧得喷喷香,趴着窗口望才郎。
早来三步同洗澡,晚来三步洗残汤。
洗残汤、浴残汤,残汤里面粉花香。
等才郎,望才郎,但愿早日配成双。
早上来露水多,梳头打扮送情哥。
我送情哥三五里,情哥回我六里路。
满帮花鞋跑湿了,难免回家见公婆。
公婆面前谈个谎,我在田中看秧棵。
早稻田里差交(读作“告”)水,暗秧田里杂草多。
公婆一听心欢喜,好个当家小媳妇。

童谣

城门城门有多高,三丈六尺高,骑花马舞大刀,走你家门口过一遭。

叮叮当当,海螺烧烧,一根竹子劈三下,不是你就是他。

栀枝花毂墙栽,雨不落花不开,我跟婆婆吃长斋,婆婆嫌我年纪小,我跟婆婆过到老。

拉磨郎,牵磨郎,送我家宝宝上学堂,买包京果买包糖,由我家宝宝尝一尝。

凉月巴巴,照见他家,他家有个驴

子，吃我家豆仔，拿棒打它，告诉贾贾，贾贾篸花，告送妈妈，妈妈切菜，告送老太，老太念经，不成听见。

板板脚，板山药，山药果，朝下数，金金高，银银排，把你家姑娘带家来。

喜鹊鹊，衔箩柴，问你家贾贾在哪块，在高邮，没得铜盆不洗脸，没得梳子不梳头，没得花鞋不上轿，爹爹奶奶哭到城隍庙。

初九、十九、二十九，听见外头人咬狗，抓住狗打砖头。不斜意砖头咬啊手。为人不说颠倒话，磨子拉住驴子走。

匠铃在，匠马在。马儿不吃回头草，带把香葱落把草。摸鱼在，摸虾在，王大娘吃喜酒，大个小个齐动手。

一腡巧，二腡拙，三腡打得皮脱脱，四腡敲当当，五腡卖婆娘，六腡骑花马，七腡上考场，八腡八笆斗，九腡养丫头，十服齐笃笃，到老不喝粥。

豌豆子，瘪壳子，奶奶养个花雀子，花雀不会飞，奶奶买个龟，龟不会爬，奶奶买条蛇，蛇不会游，奶奶买条牛，牛不会耕，奶奶买根针，针没眼，奶奶翻白眼。

蛇呶蛇呶壳壳，买个鸡蛋姐姐剥剥，哥哥吃肉在，贾贾吃壳子，喝酒翻桌子。

说“合子”

所谓说合子，即说顺口溜，内容大多为吉祥话，寄寓兴旺发达之意。乡村人家盖房，主家希望匠人“说合子”以求吉利，而匠人亦可通过“说合子”讨几个欢喜钱。

浇梁合子（瓦匠顾蛇林口述）

恭喜主家，恭喜老板，恭喜恭喜。
我与木龙鞠一躬，根深土长苗木中。
日遭风雨夜遭霜，青枝绿叶往上长。
看山童儿守南墙，手着银斧亮堂堂。
午时磨，巳时镗，砍下木头在山岗。
雾茫六月发大水，重起排来，
发到山水，淌下江。
淌到宜陵三座坝，运进天下开木行。
请下张鲁二班，精选一根紫金梁。
丈管一量不短不长，
刨子一刨光滑亮堂。

上梁合子

日出东方喜洋洋，主家请我来上梁。
今天来上水泥梁，省了经济省了梁。
省下钱来存银行，恭喜恭喜。
一边绫罗一边纱，苏杭二州带回家。
今年恭喜你，明年恭喜他。
插金花，戴银花，富贵荣华发两家。

闭龙口合子

太平钱，太平钱，
你在世上多少年！
今天把你按到龙口去，
富贵荣华万万年。
先做脊，两头高，

凤凰走这飞都要打一遭。
恭喜主家，恭喜恭喜，
永远钞票用不掉。

浇梁合子（木匠丁成林、丁成广口述）

手着银壶亮堂堂，
我来说个酒浇梁。
此酒不是凡人造，
杜康造就我浇梁。
酒浇木龙头，
代代出诸侯。
酒浇木龙眼，
八把珍珠伞。
酒浇木龙角，
子孙做官，
八抬有八丈。
酒浇木龙顶，
纱帽高如顶。
酒浇木龙腰，
武馆骑的马，
文官坐的轿。
酒浇木龙尾，
代代做官清如水。
浇上三浇，
连伸三腰。
浇上三滴，
连升三级。
浇去又浇来，
子子孙孙多发财。
恭喜恭喜。

上梁合子

上起梁来把头抬，
凤凰飞去飞的来。
飞的去，飞的来，
子子孙孙多发财。
脚踏楼梯步步高，
金银财宝用担挑。
挑去又挑来，
子子孙孙多发财。
一边绫罗一边绸，
好像狮子滚旋球。
滚到东边生贵子，
滚到西边出诸侯。
出诸侯来生贵子，
子子孙孙多发财。

贴福字合子

恭喜主家砌华堂，
写个福字来上梁。
相公上京去赶考，
顺带朱红纸一张。
朱红纸，桌上放，
文房四宝排成行。
相公挥动狼毫笔，
先写左边祈字旁，
一笔一点桃子样，
桃园结义刘关张。
二笔一横一撇长，
主家子孙状元郎。
三笔一竖敬天柱，
孝子贤孙排排坐。

四笔一点中间挂，
尊老爱幼成佳话。
上面一横似金梁，
世世代代出栋梁。
中间口儿四角方，
财源滚滚达三江。
最后写成田子底，
年年丰收富无比。
相公福字写得好，
寿比南山松不老。
我把福字贴起来，
恭喜主家大发财。

抱梁合子

小木生的两头尖，
秋天种下过寒天。
正二月里来除草，
三四月里把肥追。
五六月里割小麦，
割到场上堆成堆。
打的打，扬的扬，
晒干扬净进面坊。
换成小面如白糖，
八洞神仙来烫糕。
九天仙女在厨房，
蒸出馒头软乎乎。
木匠没有吃，瓦匠没有尝，
先请大家尝一尝。

砌四关厢（四合院）合子

太阳出来喜洋洋，
八宝之巷紫华堂。
前面砌的状元府，
后面砌的宰相房。
东边砌的金银库，
西边砌的秸秆仓。
金银库里财宝多，
秸秆仓里万代粮。
前面栽的千棵柳，
后面栽的万棵桑。
千棵柳上扣骡马，
万棵桑上落凤凰。
凤凰不落无宝地，
状元出在你府上。

闭龙口合子

新砌华堂两头高，
剩下一米压龙腰。
今日龙口闭起来，
子子孙孙都发财。

故事传说

丁冯村名的由来

明洪武皇帝朱元璋建立政权后，施行富民强国的策略，下令农民归耕，奖励垦荒，于是征集人口密集地区的农民从苏州阊门赶散各地开荒种植。第一批

丁冯地标

迁移到丁冯的农民为丁、冯、马三大姓氏。丁氏家族在族谱上称松北堂，马氏家族称胡风堂。丁氏家族散居在四面环水的垎岸上，常年种植瓜果蔬菜和油菜高粱，由于往来交通很不方便，于是萌生了自造木船的想法，他们合伙开办了一个造船铺和铁匠铺。因为善于经营，质量可靠，名声越来越响，久而久之，他们居住的村落，被人们称作“丁家铺”。冯氏家族从苏州阊门移居过来时，只有二十几户人家，大多在外做生意，生意越做越大，人丁也越来越旺。因为冯姓定居之地河流纵横，人们就很自然地叫作“冯家河”。后来洪氏家族和全氏家族陆续落户丁冯，洪姓居住地叫作“洪垛”，全姓居住地称为“仓垛”。中华人民共和国成立初期，冯文明任唐丁乡指导员时，将“丁家铺”“冯家河”“洪家垛”“仓家垛”四个村合称为“丁冯”，一直延续至今。2000年12月，泰州镇村重新布局规划，2001年3月，刘垛与丁冯合并，形成现在的丁冯村。

刘垛摆渡

刘垛是一个水乡小村，村内河流纵横，村民们傍水而居，相互往来和田间种作都以木船为交通工具。

刘垛原先隶属唐甸村，生产、生活与唐甸村紧密相连。而刘垛和唐甸之间又有盐河相隔，盐河宽约500米，浪大水急，两村交往受“天堑”所阻。1960年，刘垛开始专设摆渡，渡船吨位0.5吨，行船用竹篙和木桨，摆渡时间从早上6点到晚上6点。第一任渡工是梅倚春，最后一任渡工是梅苗圆。

几任渡工，历经风雨数十载。渡口码头全是泥土，遇到雨天，船上都是泥水，脚底打滑，稍不留神就会掉入水中。冬天风刀霜剑，寒气刺骨，船上人瑟瑟发抖。船小，载客少；河宽，往返时间长，有时一趟来回需半个小时，人们不怪渡公，只恨盐河上没有一座桥。

1984年，刘垛撤渡。高大而又宽阔的闸桥，连通南北水泥大道巍然屹立在盐河上。刘垛摆渡，从此不再是刘垛人苦痛的乡愁。

淘箩下面条

20世纪60年代初，由于粮食紧张，村民生活困难。为了节约粮食，减少浪费，刘垛的刘凤桃发明了“淘箩下面”的绝活。其做法很简单，就是将锅中的水烧开，把淘箩放置锅里，然后再将面条放入淘箩中煮熟、食用，这样细碎面条就不会浪费掉。他的这一做法，得到了大家的赞许，很快便在刘垛流传开了。有民谣为证：

刘垛有个刘凤桃，淘箩下面出奇招。

人们夸他真聪明，他说粮食是个宝。

扒炭

扒炭是20世纪70年代初特有的产物。那个年代，人们生活非常困难，连烧饭的柴火都十分紧缺，被生活逼迫无奈而四处寻找柴火的人们终于发现了“新大陆”：煤炭堆积场码头口在卸货过程中，经常有煤炭撒落河中；如遇大暴雨，煤炭也会被水冲入水中。如何将这些流失的“宝贝”打捞上来？人们通过摸索和试验，发现渔民扒蚬子的工具大有可为，准备好工具后，天刚蒙蒙亮，刘垛人趁煤场工人上班前，就撑船来到码头拼命扒起来，等到工人下班再继续扒炭，一直到夜幕降临的时候才回家。后来，扒炭的人多了，刘垛人把扒炭的目标投向外地煤场，以生产队为单位，组织劳动力到盐城、阜宁、大丰、建湖等地扒炭，回来后将好的炭块卖给乡办企业，将煤渣分给村民，这样既增加了集体收入，又解决了村民烧柴难，真是一举两得。刘垛“扒炭”，是特定历史时期生活水平低下的缩影，它早已成为刘垛人遥远而辛酸的乡愁。

丁爱牛的故事

丁爱牛原名丁三小，1947年出生，在家男丁中排行第三，所以人们就叫他丁三小。他12岁时，父亲去世，一家六口人的生活重担全落在哑巴妈妈的肩上，生活过得十分艰难。生产队为照顾他的家庭，队长把队里的一头牛交给13岁的丁三小放养，这样他拿一些工分来补贴家用。他怀着感激之心，吃宿牛棚，与牛为伴。放牛时总是早出晚归，尽量让牛多吃草，吃好草，把牛养得壮壮的。

在他16岁那年，母牛产子的时间正是寒冬腊月，天气特别寒冷，牛棚抵挡不住刺骨的寒风，小牛出生后，更禁不住严寒风吹，奄奄一息。丁三小想了很多办法，还是无济于事，情急之下他抱起自己唯一的被子盖到了小牛身上。小牛保住了，并在他的精心护养下健康成长。生产队长知道这件事后在生产队会议上对他进行了表扬，得到了全队社员的夸赞。大队党支部团支部知情后，决定将他爱集体的行为作为先进事迹在全大队宣传表扬，并报送公社党委和市团委，市政府决定把丁三小作为爱国爱集体的优秀青年进行表彰，让他参加先进事迹报告团进行演讲，由于他不善言辞，报告就由时任

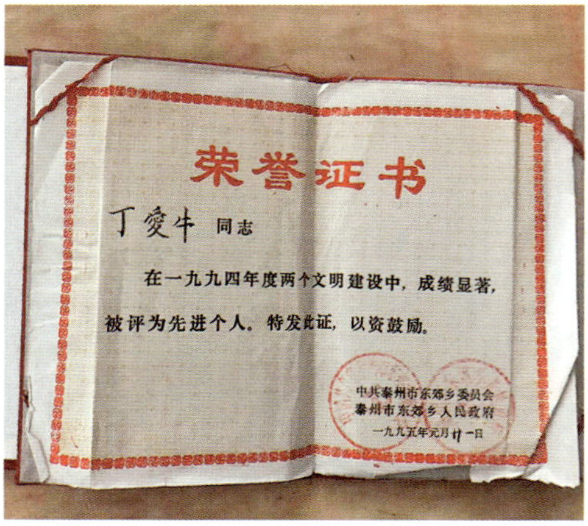
荣誉证书

丁爱牛　同志

在一九九四年度两个文明建设中，成绩显著，被评为先进个人。特发此证，以资鼓励。

中共泰州市东郊乡委员会
泰州市东郊乡人民政府
一九九五年元月廿一日

荣誉证书

东郊公社团委书记刘桂章代他宣讲。赵醒吾市长听了他的感人事迹后，要求全市广大的青年学习丁三小爱国家、爱集体的精神，当得知丁三小没有别的名字时，赵市长高兴地说：“自然这么爱牛，就叫丁爱牛吧！”这个消息很快在百姓中传开了，从此人们都习惯叫他丁爱牛了。

丁爱牛在改名后，更是关心集体，积极工作，认真学习农活，掌握农事，受到大队党支部的重视。22岁被任命为丁冯七队副队长，23岁时被提拔为队长。他从事生产队长工作53年，一直保持着积极的工作态度。1993年被调任丁冯村农场场长，多次被乡党委政府表彰为先进工作者。

请会

请会，是20世纪60年代初民间进行互帮互助的一种自发筹资行为。当时农户家庭收入很低，办不起大事，看不起大病。于是，有10多户人家自愿组织起来，每户每月出资10元或20元，由请会发起人保管。根据每户用钱需求，编排取钱顺序，按月依次将筹集资金取回使用。如有特殊情况可通过协商提前用钱以解燃眉之急。最后一个人收会后，本轮请会自行解散。请会，通过农户互帮互助，可以集中财力，办好家庭中的大事，也有利于农户间加深感情，团结互助。

陈家垛“八月六”庙会

每年的农历八月初六，陈家垛都要举行一次庙会活动来庆祝丰收、祈求平安。庙会由陈家垛五姓氏（陈、周、许、刘、万）轮流主办，并负责该年庙会的全部费用。

八月初四这天，陈家垛五姓氏中的几位长者和两个生产队的队长一起外出去约请戏班和“马夫”。

八月初五，陈家垛五姓氏各派一名代表来到土地庙挂旗幡、放鞭炮，祈求风调雨顺、年年丰收。仪式结束后陈家垛所有人一齐出动，竖台木、搭戏台。戏台搭建完成后，陈家垛的村民将各自家中的中堂（卷轴纸画式）请到戏台上，挂在戏台内侧。寓意为孝敬老祖宗，先请老祖宗看戏，求老祖宗保佑后代子孙平安。到了晚上开始唱会戏。初五晚上唱的戏也称高台戏、香火戏。

八月初六，庙会活动正式开始，上午继续请戏班子唱戏，下午“马夫”在锣鼓声中开始巡街，他赤膊上身，头裹红巾，腰系红带，细长铁丝从两腮穿过，铁丝两侧挂着红线，右手持大长刀，左手握一把筷子，“马夫”经过每户人家门前时，在地上放一根红色竹筷，然后用大刀从中间砍断，此时该户人家会立刻点燃鞭炮。寓意为斩断邪气，保佑平安。到了晚上，继续唱会戏。陈家垛五姓氏各包一台戏，两个生产队各包一台戏，家中富裕的可以再单独包一台戏，同时周边的企业业主也参与包戏，最多时可以连续唱一个多月的戏。

所有包场戏唱结束后，陈家垛五姓氏各派一名代表共同去土地庙上请幡，请下来的幡保存到下一年主办庙会的五姓氏家族长者家中，如此循环往复。

陈家垛“八月六”庙会从民国初期开始，一直延续至今，从未间断。

方言土语

俗语

1.哈巴浪当：总共。

2.一裤邋遢：所有的。

3.不上槽道：不懂规矩。

4.波斯献宝：搬弄、炫耀自己的宝物、含贬义。

5.瘪鼓囊揠：人瘦弱或者口袋里钱物很少。

6.唱烂污：耍无赖。

7.撮里撮绪：说话做事表面上积极，其实一点儿没有章程，没有成效。

8.大大市市：一般化，很普通，不突出。

9.滩叽挖煞：菜肴淡而无味。

10.的的剥剥：说话办事过分顶针计较，而且直接表现在脸上，说在嘴上。

11.淀汤落水：粥或菜汤因寡淡而令人无食欲。

12.倒霉瞌冲：运气不好，不顺。

13.二不霞五：傻乎乎的。

14.疯里索痴：嘻嘻哈哈而不守规矩，不守礼数。多指女子。

15.分籽分清：分得很清，绝不含糊。

16.骨头骨榫：身体关节部位。指重要的利益。

17.尬自嘎爱：拿架子，让人难以亲近。

18.估估作作：粗略地估算，马马虎虎地估计。

19.猴里疙瘩：表面粗糙，不平滑。

20.活做大头梦：出乎意料的差，或者毫无根据地梦想。

21.活嚼大头蛆：没有根据地乱说。

22.昏头碌礴：头脑思绪不清晰。

23.糊糊塌塌：马马虎虎地应付。

24.灰冒楚囊：色泽黯淡，不鲜艳。

25.黑漆麻乌：光线或者色泽十分暗。

26.假马日鬼：表面上一套，背地里一套，以达到骗人的目的。

27.六角铮铮：表面上有模有样。

28.拉里拉瓜：不整洁，无条理。

28.麻二岔二：不规范，不正经。

29.木里木穴：反应不快或不准确。

30.蛮碴儿：不讲道理的人。

31.闷汤烟儿：不冷不热的温开水。

32.扭头刮颈：头频繁地动，显得不稳重，不庄重。

33.皮儿奄二：故意反应迟缓或者不作反应。

34.缺形样哉：没有模样，难看。

35.清汤寡水：含量太小。

36.囚嘴犯祸：对他人意见不服从、不满意。

37.跷脚放屁：多此一举。

38.穷急吼吼：过分着急，办事莽撞。

39.日塌油：马虎了事。

40.肉神不安：心神不宁，坐立不定。

41.死皮癞瓜：厚着脸皮纠缠。

42.松里落壳：套子或壳子太大，不能贴着里面装着的东西，以致容易脱落。

43.神气六国：表面上神气活现、得意。

44.特头忘尾：丢三落四。

45.无大八大：很大，大到不恰当的程度。

46.一二当之：认为稳妥，而不紧不慢。

47.佯儿巴痴：为人好出风头，好引人注意，且不稳重。

48.醉二麻二：因醉而头脑不清醒，行动莫名其妙。

49.作而不作：两手打算。

50.糊娘巧气：看上去能干，其实花俏而不实在。

51.蒯来蒯去：物体的重心移来移去，让人难以控制。

52.呆巴若猴：头脑反应迟钝，或明知故犯。

53.横七竖八：为人不守礼法，态度蛮横。

54.一报还一报：因果报应。

55.贼形样哉：长相难看，或者行为举止不端，让人瞧不起。

56.呆木冲儿：头脑简单，思维不深，显得呆木迟钝。

57.牵事板凳：牵丝攀藤，由于不知情或理不清而将不同的事情牵扯在一起。

58.油头滑脑：为人油滑，不庄重、不诚实。

59.天落水：直接收集起来的雨水，又指无缘无故、毫不费力就得到的东西。

60.皮皮塌塌：不重视、不着急，拖拖拉拉。

61.无而八拐：完全不懂规矩，或者来路不明。

民间谚语

1.名师出高徒，严师出好徒。

2.三百六十行，行行出状元。

3.人不可貌相，海水不可斗量。

4.耳听为虚，眼见为实。

5.当家才知柴米贵，养儿方知父母恩。

6.前人栽树，后人乘凉。

7.上梁不正下梁歪，中柱不正倒下来。

8.身正不怕影子歪。

9.养儿不读书，赛如养圈猪。

10.大家一条心，黄土变成金。

11.男子无妻不成家，女子无夫乱如麻。

12.桑树从小育，伢儿从小教。

13.心慌吃不了热豆腐。

14.没做亏心事，不怕鬼敲门。

15.小洞里爬不出大蟹来。
16.穷不失志，富不癫狂。
17.穷人没病就是福。
18.铜勺一撂砰的通，锅盖一掀望见屋。
19.酒好办，客请难。
20.冷是风冷，穷是债穷。
21.人多好做活计，人少好吃东西。
22.吃的盐和米，讲的情和理。
23.三架梁带一拖，坐在马（桶）上靠着锅。
24.细水长流，吃穿不愁。
25.一顿省一口，一年养个大肥狗。
26.坐吃山空，勤劳致富。
27.吃不穷，穿不穷，算盘不打一世穷。
28.早起三光，晏起三慌。
29.临上轿，穿耳朵。
30.远亲不如近邻，近邻不抵对门。
31.邻居好，赛金宝。
32.要得好，问三老。
33.人在迷糊中，石头撞个洞。
34.家不和被邻欺，夫妻不和被婆欺。
35.不见死人不见鬼，不见棺材不掉泪。
36.好事不出门，坏事传千里。
37.你走你的阳关道，我走我的独木桥。
38.荷花虽好，还要绿叶扶持。
39.倚了草鞋戳了脚。
40.算盘珠子，不拨不动。
41.蛇有蛇路，鳖有鳖洞。
42.出门看天色，进门看脸色。
43.丑媳妇总要见公婆。
44.和气生财。
45.白鸽子朝亮处飞。
46.吃烧饼难免不掉芝麻。
47.一口吃不下一个饼，一锹挖不了一口井。
48.活到老，学到老，学到老，学不了。
49.师父领进门，修行在个人。
50.坛子口好捂，人嘴蒙不住。
51.船头坐得稳，不怕浪来颠。
52.陪不尽的姑娘，过不尽的年。
53.远水解不了近渴，远水救不了近火。
54.百闻不如一见。
55.老鼠过街，人人喊打。
56.秤砣虽小，能压千斤。
57.树怕剥皮，人怕伤心。
58.树要皮，人要脸。
59.耳不听心不烦，眼不看嘴不馋。
60.人老心不老，家穷志莫穷。
61.兔子不吃窝边草。
62.眼睛一眨，老母鸡变公鸭。
63.人舌没有四两重，放在人身重千斤。
64.儿孙自有儿孙福，莫替儿孙作忧愁。
65.瘦田丑妻家中宝。
66.姜还是老的辣。
67.开弓没有回头箭。
68.磨刀不误砍柴工。
69.人心不足蛇吞象。
70.三句话不离本行。

歇后语

1.鲍家坝拉大船——齐用力

2.猪子耕田——嘴凶
3.麻油点灯——肥肥眼
4.帽子没边——顶好
5.袜子没底——高升
6.沈万三打死人——要钱不要命
7.虾子过河——倒缩
8.螃蟹过马路——横着走
9.黄鼠狼看鸡——越看越稀
10.饼放在枕头下——自挨饿
11.坐在驴子上看书——走着瞧
12.六指抓痒——加一奉承
13.饿猫含鱼——不肯松口
14.棺材里伸手——死要钱
15.瞌睡送枕头——求之不得
16.阴天驮穰草——越驮越重
17.脚踩西瓜皮——滑到哪里是哪里
18.喜蛛（蜘蛛）害屁眼——没丝（事）
19.正月里拜年——满嘴好话
20.老鼠啃书本——咬文嚼字
21.铜匠的担子——挑到哪儿响到哪儿
22.痨病鬼开药店——带吃带卖
23.老奶奶吃柿子——专拣软的捏
24.阴沟里洗手——难得干净
25.钥匙挂在心口膛儿上——开心
26.麻雀掉到烟囱里——有命没毛
27.茶壶打掉个把子——落格个嘴
28.光光郎儿（单身男子）烧木柴——当着不着
29.黑板写粉笔字——揩得掉，捋得掉
30.狗头上栽角——装羊（样）
31.穿钉鞋，带拐杖——又稳又准
32.关老爷卖豆腐——人硬货不硬
33.巷子里面扛木头——直来直去
34.梁山泊的军师——吴（无）用
35.飞蛾扑火——自取灭亡
36.小葱拌豆腐——一青（清）二白

第六篇　物产美食

丁冯村有高效设施蔬菜种植面积约550亩，形成了爆竹香丝瓜、尖叶香莴苣、海陵四季白萝卜等特色农产品。百年老店万家豆腐坊的传统工艺至今流传。嵌桃麻糕被江苏省商务厅授予“江苏老字号”。

物产

爆竹香丝瓜

丁冯村的爆竹香丝瓜，为海陵地方特色蔬菜精品，栽培历史悠久，近几年种植规模约400多亩，每亩年收入1.5万元左右，经济效益显著。该品种早熟，坐瓜节位低，一般从第五叶起坐瓜，瓜长26—30厘米，直径4.5—6厘米，形如爆竹，表皮绿色无明显突起，有9—10条深绿色纹理，瓜肉呈乳白色，其肉质细嫩，香味浓郁、口感极佳，深受广大消费者喜爱。

爆竹香丝瓜

四季白萝卜

菜农收获白萝卜

丁冯村的四季白萝卜是海陵区的地方特色农产品，大面积种植已有近30年历史。该产品具有外观洁白、肉质脆嫩、口感致密、味甜微辣、皮薄尾细、商品性好等特点。通过不断调整播期，实行保护地避雨防灾和无公害栽培等一系列技术创新，该品种的生产潜力得到充分挖掘，实现四季生长，周年上市。四季白萝卜既可以生吃、凉拌，也可以煲汤、伴肉红烧，产品畅销大江南北，一直深受消费者的青睐。

尖叶香莴苣

丁冯村的尖叶香莴苣是海陵区的地方特色农产品。该品种植株较高大，高约50厘米，叶片浅绿色，披外形，叶面有浅皱纹，稍有白粉，叶背白粉较多。笋长棒状，上部渐细，长约40厘米。单笋重0.75—1.0千克，笋外皮浅白绿色，肉色略深，笋肉致密、嫩、脆，含水量较少，品质好，可生熟食用，也可腌渍。

尖叶香莴苣

一点红苋菜

一点红苋菜

一点红苋菜高约23厘米，开展度约25厘米，叶片近圆形，叶面微皱，边缘绿色，叶肉较厚，质地柔嫩，品质好，因其中心有部分红色，故得名。一点红苋菜营养价值高，富含维生素和胡萝卜素，含钙量也是十分可观，极易被人体吸收，故又有“长寿菜”“六月苋，当鸡蛋，七月苋，金不换”的说法。

一点红苋菜可以用于凉拌、炒菜、煲汤等多种烹饪方式。菜身软滑而菜味浓，入口甘香，美味可口，在烹饪过程中能够保持其鲜艳的颜色，不仅可以为肉类增色，还能补充一分嫩滑。作为蔬菜中的佼佼者，一点红苋菜提供了丰富的维生素和补充剂，有助于补充日常所需的营养元素，同时热量较低，适合那些追求健康饮食的人群。

一点红苋菜作为一种兼具美味、营养和药用价值的蔬菜，逐渐受到更多人的关注，成为大众餐桌上营养丰富的食材。

高温叶菜

每年到了八、九月份，气温高，湿度大，病虫害严重，蔬菜生产进入“伏缺”期。为保证城市居民的蔬菜供应，丁冯菜农利用遮阳网技术，生产小青菜、夏药芹、木耳菜、空心菜等，菜农们习惯把这些称为“高温叶菜”。“高温叶菜”及时供应市场，让伏缺不缺菜，既丰富了市民的菜篮子，又鼓起了菜农的钱袋子。

小青菜

夏药芹

空心菜

木耳菜

木耳菜中含有葡聚糖、糖胺聚糖、β-胡萝卜素及有机酸、皂苷、铁等元素，有清热解毒、润肠通便、降压等功效。本地木耳菜耐高温，生命力强，5月前后种子萌发、爬藤，村民家前屋后都可生长，在夏秋高温季节，其他叶菜短缺时，它都生长旺盛，且虫害较少，一般无须打药，摘取叶片，焯水凉拌、炒、烧蛋汤都可，味道鲜美。但其叶片较小、较薄，产量不高。最近引进的木耳菜新品种，产量较高，叶片肥厚且大，可以取食嫩茎，也可取食嫩叶，并可反复采收，采收时间从4月到11月。木耳菜伏缺时上市，经济效益较为可观。

美食

冻豆腐烧肉

冻豆腐烧肉是丁冯村的一道特色美食，口感独特。因为冷冻后的豆腐内部有了无数的小孔，这样的豆腐弹性好、不失营养，味道鲜美，口感很有层次。冻豆腐还吸收了肉香，让人吃出了肉的厚实感，咬上一口，鲜汁直爆。冻豆腐烧肉这道营养丰富的美味，虽然食材普通，却吃起来让人有一种满足感和幸福感。

冻豆腐烧肉制作起来比较简单，首先需要将冻豆腐切块备用，准备好一块五花肉，把五花肉切块后洗净备用，准备好油锅进行加热，在锅中下入五花肉进行煸炒，随后将冻豆腐放进锅中，再加上一些作料（腐乳汁、老抽、味精），加上适量的水之后，盖锅烧煮。起锅时放上蒜末儿、葱花，就可以开吃了。

冻豆腐烧肉的营养价值丰富，因为豆腐中含有非常丰富的优质蛋白、矿物质等人体必需的多种微量元素，对人体健康来说大有裨益，可以帮助我们增强自身体质。尤其是豆腐经过冷冻之后，内部的结构会产生比较大的变化，但是本身含有的蛋白质、维生素和矿物质并不会被破坏太多，所以经常吃冻豆腐，可以帮助人体加快脂肪代谢的速度，减缓体内脂肪的堆积，帮助减肥瘦身。

冻豆腐烧肉

香丝瓜蛋汤

香丝瓜蛋汤是丁冯村的一道家常美食，以丁冯特产的四季香丝瓜和鸡蛋为主食材制成，在制作时还可以加入少量的虾皮或者虾仁。制成后的香丝瓜蛋汤鲜香可口，十分诱人。

制作香丝瓜蛋汤，首先将丝瓜去皮，切成小块，入沸水锅中略烫，立即捞出；然后将鸡蛋磕入碗中并打散；将虾米洗净后用水泡透；将锅上火，放入虾米，倒入清汤一大碗，放入丝瓜段、精盐，烧沸约3分钟，倒入蛋液，待汤再沸时装碗，淋上香油即成。

丝瓜中含有丰富的多种营养元素，其中特别是能防止皮肤老化的B族维生素，增白皮肤的维生素C最多，能保护皮肤、消除斑块，使皮肤洁白、细嫩，是不可多得的美容佳品。另外丝瓜所含各类营养在瓜类食物中较高，其中的皂苷类物质、丝瓜苦味质、黏液质、木胶、瓜氨酸、木聚糖和干扰素等特殊物质具有抗病毒、抗过敏等特殊作用。

嵌桃麻糕

相传在明末清初，“凤凰城”外赵公桥旁的北天滋庙里住着一个八旬老僧，酷爱饮茶时食糕（麻糕）、品桃（核桃）。凤凰城外“九如斋”是泰州较古老的茶食店之一，店老板得知北天滋庙老僧爱吃麻糕和核桃，便将核桃、果仁掺入芝麻屑中烘烤，制成了酥脆甜美、香型绝佳的麻糕，颇受众人喜爱。日后民间茶食铺也争相仿制，代代相传，盛名不衰。1934年，吉呈祥茶食店老板为了参加江苏省物品展览会，他推陈出新，将桃仁嵌入糕点中间，形似蝴蝶图案，所精制的嵌桃麻糕获得了江苏省食品展览会一等奖，在国内外获得赞誉。2001年，嵌桃麻糕列入泰州市非物质文化遗产名录。非遗传承人戚根森2006年入驻丁

香丝瓜蛋汤

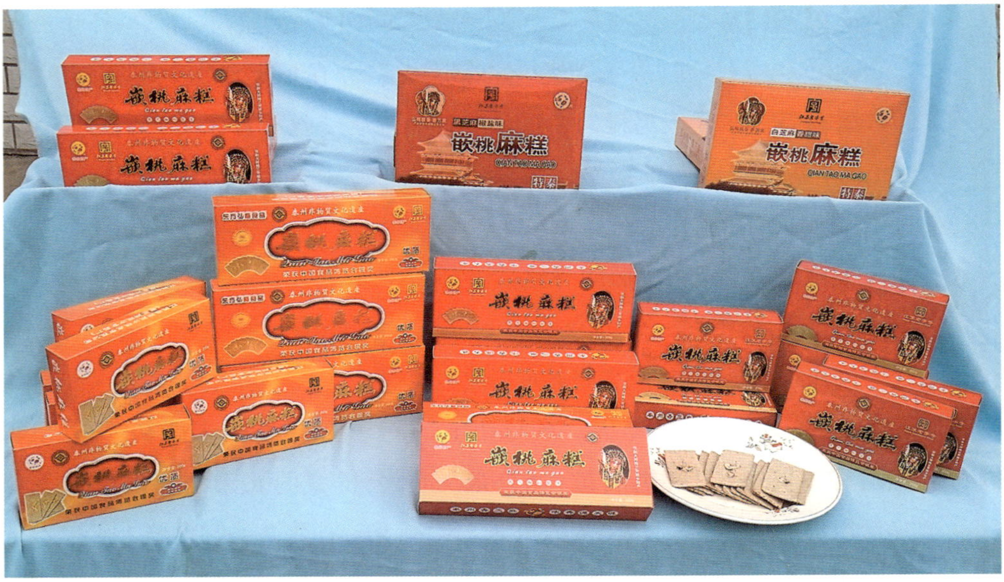

嵌桃麻糕

冯村，创办东方糕点有限公司。

嵌桃麻糕用料考究，工艺精湛。首先配制原料，将芝麻淘洗，下锅用文火烘焙，再用猛火炒至芽黄色出锅，经手工风箱过滤皮壳、杂质后，用石磨碾碎，过筛成粉末状；将里下河盛产的圆身香糯米泡湿、淘净后再用温水冲洗，煲温1小时，上锅与细砂糖一起炒，直到米粒膨增2倍，过筛滤砂，再经手工风箱吹净杂质，用石磨磨成粉末，过细布筛；将甘蔗糖加工改制成棉细软糖；选云南胡桃仁修饰成蝴蝶状，用80℃热水浸泡10分钟，去除胡桃仁表皮的苦涩味，用清水冲滤，晾干待用。

配制好4种原料后，接着加工成品。先将麻粉、糕粉、糖粉混合配制，手工擦粉，过筛后取粉50%先入锅烫模，压粉将修饰的蝴蝶状桃仁嵌入麻粉中，剩余50%覆盖烫模中再压平，烘制，温度控制在60℃上下，出锅倒烫（脱模），回汽50℃开条装入煲温箱，煲12小时后取出，按规格手工切片、排盘，上炉烘焙，呈芽黄色出炉，趁热起盘、包装，经历20道工艺，终于制作完成。

嵌桃麻糕色泽芽黄，条形端正，嵌桃成蝴蝶状，质地细腻，结构紧密，香甜酥脆，有提神、明目、补脑的功效。

小鱼烧咸菜

丁冯村地处里下河，村庄内河流纵横，水产丰富。小鱼小虾成了人们餐桌上的美食，小鱼烧咸菜更让人回味无穷。先从缸里拿一把初冬刚腌制的白根绿叶

小鱼烧咸菜

的咸菜，洗净切成小段；掐好活蹦乱跳的小鱼，品种有虎头鲨、昂刺、鳑鲏鱼、麦穗鱼等。再将铁锅烧热，倒入香油，将切好的生姜、葱放入锅内爆香，随后将小鱼放入锅内，轻轻翻炒一会儿，倒上少许白酒去腥，放入咸菜后加适量水，以淹没鱼和咸菜为宜，然后倒酱油，放糖、蒜瓣、青椒。大火烧沸后三五分钟，转文火慢炖十分钟，起锅撒上青蒜花，香气四溢，是道佐酒、下饭的美味。

毛豆面酱

夏季高温，蔬菜品种较少。这时候剥点青毛豆，做成毛豆面酱，也是一道不错的美食。其制作过程很简单，先将新鲜的毛豆洗净，随冷水下锅煮至八成熟捞起，汤盛起备用。接着取两把小面放入汤碗内，加冷水搅匀成糊状，再选两个红椒和香葱切成细块。准备就绪后，打开灶火，将铁锅烧热，倒入菜油，放入葱花，再倒入煮好的毛豆、红椒丁一同翻炒，接着倒入煮毛豆的汤，加适量的水，水少了面酱则稠，多了则稀，最后加入盐、鸡精调味，烧开后，慢慢再倒入小面糊，铲子不停在锅内搅动，随后再翻炒几下，面酱即可出锅。

毛豆面酱

丝光薄荷糖

泰州东方糕点厂生产的丝光薄荷糖于1986年荣获江苏省博览会荣誉奖。丝光薄荷糖选用天然薄荷叶子榨汁、云南甘蔗制成的白砂糖和麦芽脱色糖浆作原料。加工工艺较为复杂，先将白砂糖、麦芽糖浆、水一起倒入紫铜锅内，开始用猛火熬制，待糖中水分蒸发，渐渐发起大泡时，用竹刮板插入糖液中，再轻轻提起，发现有糖丝挂下，即可将一锅滚烫糖液倒入冷却盘，紧接着倒入薄荷叶汁，用铜铲不停地在冷却盘内翻炒。等到糖团冷却变软，取少量糖团，用两根竹筷子在两手中来回扠丝，直到发白，将其嵌入大糖团表面，再将大糖团捏成长条，放入剪模机切成一块块薄荷糖，然后人工将每一小块糖用食用玻璃纸包装。丝光薄荷糖采用天然植物制成，口感清凉，生津健胃，提神醒脑。

丝光薄荷糖

第七篇　文明新风

丁冯村重视农村精神文明建设工作，将文明创建与环境整治、扶贫帮困相结合，通过道德讲堂、美德善行人物评选、文明家庭评比等活动，弘扬中华民族传统美德，营造一个和谐、积极、健康向上的村居氛围。全村涌现了一大批“文明标兵”。

文明创建

百姓大舞台

丁冯村重视农村精神文明建设工作，践行社会主义核心价值观，依托党群服务中心开展系列活动。党群服务中心设置现代远程教育终端站点、村民议事会、道德讲堂、红白理事会等，推进思想道德建设、移风易俗等群众性精神文明建设工作，丰富村民的精神文化生活，提高村民的参与感和归属感，营造和谐、积极、健康向上的村居氛围，为乡村社会的发展注入新动力。村党总支发挥基层党组织主体作用，将文明创建与环境整治、扶贫帮困等各项工作有机结合，以“三会一课”、主题党日活动等为契机，组织党员和志愿者参加志愿服务活动。运用道德讲堂、美德善行榜评选等活动，弘扬中华民族传统美德，传播身边好人好事、道德模范，营造“我为人人，人人为我”的良好社会风尚。每半年各开

美德善行评选

清扫积雪

展一次“文明家庭”“最美庭院”评比活动，统一表彰、统一授牌。2018年起，累计“道德讲堂”开讲24场，评选“文明家庭”48户，其中区级“文明家庭”6户，“最美庭院”120户，评选道德模范20多人。村级志愿服务队50余名志愿者开展相关志愿服务活动60多场次。舞蹈队、舞龙队每年参加各类演出10多场次，春节、元宵节、三八妇女节、六一儿童节、端午节、重阳节等节日固定开展各类接地气的文娱活动。

为进一步推动移风易俗，弘扬文明新风，2019年，丁冯村讨论通过了《村规民约》，融入村民文明意识、人居环境等内容，制成宣传册，发放到村民手中，规范引导村民破陋习、扬正气、树新风。村民们自觉遵守《村规民约》，相互监督、相互促进，人与人之间和谐相处，尊老爱幼蔚然成风。过去遗留的不少陋习也得到了纠正，出嫁的姑娘都拒收高额彩礼，红白事都节俭简办，家宴“一条龙服务”，一桌400—600元即可。村委会围绕环境优化，全面实施人居环境整治工程，对河道、道路、农田、家前屋后等进行环境保洁的常态化。村委会制定出“门前三包”考核制度、“田间三包”考核制度，由村干部分片区不定时检查，分季度考核，按照考核情况发放奖励金。经过多年的实践，村容村貌焕然一新。

村规民约

宣传阵地

道德宣讲

随着村集体经济的发展，人们的物质生活越来越好，丁冯村精心营造宣传阵地，推进精神文明建设工作。在村主要通道设置大型宣传栏（仓垛广场1处，泰朱路一号桥南侧3处，村党群服务中心南大门2处、北门1处、公益宣传栏若干），内容涉及社科普及、社会保障、卫生、村规民约、人居环境、普法宣传、各项服务事项通知等。2022年，党群服务中心建成使用，这里成为村民文化活动

丁冯村综合文
秦曲一家亲　文化艺术交流
文艺汇演

文艺汇演

海陵区城东街道丁冯村综合治理宣传栏
海陵区城东街道丁冯村宣传
丁冯村创建五星级村标准
法制宣传专栏
法制宣传专栏
计生宣传专栏

宣传栏

美德善行榜

新的载体，各种功能室齐全，服务内容丰富，新党群服务中心已经成为新时代精神文明建设的重要舞台，也是丁冯村村民最乐意去的活动场所。在党群服务中心北门常年设置美德善行榜人物宣传栏，用身边的人和事引导村民群众行善向善；村委会南门一整面村规民约宣传栏引人注目，各种文体活动的剪影，展现了丁冯村新时代精神文明建设的新容新貌。院中新建的百姓大舞台，每月不定时举办各种惠民演出活动；定期在居家养老服务中心举行各种服务老年人的志愿服务活动。农家书屋拥有3000多册图书，种类丰富，电子阅读设备、空调、沙发等应有尽有，为阅读群众提供了舒适的阅读环境。该书屋2022年荣获“泰州市四星级农家书屋”的称号。

道德楷模

丁冯村广泛开展“五讲四美三热爱”等精神文明活动，多次进行道德楷模评比、文明家庭评选，涌现出众多先进人物。

姜和英

姜和英，丁冯村退休干部。生活中，她真诚待人，与人和睦相处，多年来，婆媳没有红过一次脸，更没有吵过一次架，婆媳关系一直为邻里称赞。家人互敬互爱，相互理解，有矛盾、分歧时，及时沟通，理智地解决生活工作上的各种问题。姜和英对孙子、孙女也很疼爱，对他们的合理需求都欣然满足。

退休后的姜和英积极配合村工作，服务于老年活动室，继续发挥着自己的余热，为丁冯村的发展贡献自己的一份力量。

梅荣宝

梅荣宝，家住城东街道丁冯村13组，中共党员。为人善良谦和、教子有方，是村民学习的榜样。

决定孩子一生的是健康的人格修养，教孩子做人是家长义不容辞的责任。日常生活中，梅荣宝非常注重家庭教育。他经常对孩子说：做人做事要讲诚信，从小要懂得孝敬老人、尊敬长辈，对人有礼貌。梅荣宝以身作则，言传身教，潜移默化地感染孩子。他在日常生活中教育孩子孝敬长辈，发现孩子对人有不敬的行为及时教育、引导，使其学会辨明是非，改正缺点。

他教育孩子很严格，不娇纵，不溺爱，既教孩子学知识，又教他们学做人，让孩子能健康地成长。为了培养孩子的独立生活能力，教他们扫地、擦家具，让孩子做力所能及的事。每年暑假，梅荣宝会带着孙子参加暑期夏令营活动，提高孩子自身锻炼能力、自主能力；他还带孩子去革命老区，让孩子接受爱国主义教育和艰苦奋斗、勤劳勇敢、不怕困难的革命传统教育，培养孩子节俭、谦逊、自强的良好品质，教育他们独立自主、学会做事、学会做人，做一个对社会有贡献的人。良好的家风代代相传，让后辈们在温馨、快乐、和谐、幸福的家庭里茁壮成长。

周年凤

周年凤，城东街道丁冯村6组村民。丈夫患有严重的支气管炎，70多岁的周年凤对丈夫的照顾，得到了邻居、村民的一致肯定。村民们纷纷表示："周年凤对丈夫的照顾无微不至，对于年迈的她来说，尽了最大努力。"能做到二十年如一日，周年凤真的不容易，不简单。不管丈夫是住院还是在家，周年凤几乎是寸步不离。她的事迹感动着周围的邻居，大家都为她点赞。

姚新珍

姚新珍，城东街道丁冯村村民。自从与丈夫结婚后，就像照顾亲生母亲一样照顾婆婆，婆媳关系非常融洽，村民们每每谈到这个家庭，无不交口称赞。姚新珍多年来无私奉献，照顾年迈的婆婆，她的孝顺不仅是给予老人生活上的帮助，而且更多的是关注老人精神上的需求。她说："老人活得心里顺畅、心情好比什么都重要。"她从不和邻居吵架，总是和睦邻里关系，在村里也是有口皆碑。她用自己的行动践行着孝顺、和谐的传统美德。

杨如珍

杨如珍，家住丁冯村6组。虽已年近70岁，但身子骨硬朗，可以说是家里的主心骨。杨如珍丈夫患帕金森综合征，生活不能自理，作为妻子，她多年如一日地照顾丈夫起居生活，没有怨言。儿媳妇生病，杨如珍将儿媳妇看作自己的女儿一样照料，婆媳关系胜似母女关系，常年如一日照顾儿媳妇。两人感情深厚，杨如珍在家务农，儿子是水电工，一家人生活平淡，但就是在这平淡中，一家人和睦相处，家庭幸福，对生活充满向往。

陈龙喜

陈龙喜，城东街道丁冯村10组村民。在一次车祸中，妻子不幸被撞成了植物人。多年来，在他的精心照顾下，妻子的病情逐渐有了好转。陈龙喜每次买菜都会带着妻子，陪她一起上菜市场，让妻子感受外面的世界。多年如一日照顾妻子的他从没叫过一声苦，喊过一声累。他说："照顾妻子是我的责任，我不但要把她照顾好，还要照顾到老。"就这样一句简单的话，点燃了一个家庭重生的希望。

周玉梅

周玉梅，城东街道丁冯村12组村民。一个普普通通的农家妇女，在平凡的生活中做出了不平凡的事迹，在简单的日子里演绎了一曲曲动人的乐章。多年来，周玉梅一直为村保洁卫生作贡献，从没喊过一句苦，叫过一声累。她说："我能吃苦，我是做我力所能及的事，我不求金钱的回报，只想美化村庄环境。"生活中，不管哪家村民家中发生了大的困难，她都会主动帮助，不计回报。她孝敬老人，和谐邻里、无私帮助他人，用她最淳朴、最善良的爱心感染着身边的人。

全启堂

全启堂，城东街道丁冯村5组村民。他始终没有放弃照顾患有精神病的妻子，多年如一日地喂妻子吃饭喝水，给妻子擦洗身体，他以好男人的铁肩，担起做丈夫的责任，他用多年的守护，诠释了有情有义的优秀品德。日复一日，年复一年，全启堂都做着同样的事，照顾妻子起居生活，洗衣做饭；每天都陪妻子一起锻炼恢复。为了不让妻子受到伤害，他将家里的瓶瓶罐罐全部收起来。全启堂说："这样老伴就不会因自己碰到这些东西而弄伤自己。"就是这样一个朴实的男人，用他的脊梁为妻子撑起一片希望的天空。

丁六根

丁六根，男，城东街道丁冯村8组村民。作为村民组长，他积极和村民沟通，妥善及时处理村民家中的困难。在村委会开会后也会第一时间将通知带给所有的村民，让大家第一时间了解村里的各项事务，尽到了一名组长的职责，成为所有村民组长的榜样。村里大大小小事情他都积极参与。他保管庙宇钥匙，每月农历初一和十五是敬香的日子，他都早早地来开门，按照上级规定时间及时关门。在他手上，丁冯村庙宇管理得非常好。疫情防控期间，虽然他已经是60多岁的老人了，但还是积极当志愿者参与卡口值班事务，敬业的精神让所有人敬佩。

丁新珍

丁新珍，城东街道丁冯村5组村民。幼时父亲去世，母亲带着她和她的综合性残疾的弟弟改嫁。继父将二人视为亲生儿女，很是疼爱，丁新珍长大后，母亲生病离世，整个家庭一下子失去了主心骨，继父在妻子去世后并没有离开这个家庭，还是一如既往地对待两名子女。结婚后丁新珍选择留在家里，只为了以后能照顾继父和弟弟。她几十年如一日地照顾继父和弟弟，事事躬为，每次吃饭时，总是细心地给老人先盛饭，将弟弟喂完自己才吃。她知恩图报，孝老爱亲的美德传遍了周边的乡邻，她说："和父亲虽然没有血缘关系，但是人要知恩图报，对得起良心。"

张雨桂

张雨桂，城东街道丁冯村12组村民，是一位孝敬公婆、相夫教子的好媳妇，多年以来，她一如既往，无微不至地照顾着公公婆婆，用孝心影响着自己的孩子，也感染着周边的群众。2022年，公婆两人同时发生车祸，骨折瘫痪，出院后，张雨桂将两位老人接到身边，悉心伺候，从穿衣吃饭到洗脸洗脚、剪脚指甲，每一样事情都伺候得妥妥当当，有好吃的饭菜也总是让老人第一个吃。她说："孝敬老人是我们晚辈该做的事情，我只是在尽我该尽的责任，没啥大不了的。"最简单的话语，表达出的却是最崇高的品质。面对邻里乡亲的称赞，张雨桂总是腼腆一笑。

附录：

丁冯村村规民约

（2019年8月28日）

为引导全体村民树立"爱国守法、明礼诚信、团结友爱、勤俭自强、敬业奉献"的基本道德观念，提高自我管理、自我教育、自我服务的自觉性和能力，努力把我村建设成"生产发展、生活宽裕、乡风文明、村容整洁、管理民主"的小康村，根据国家有关法律、法规和政策，制定本村规民约（以下简称"规约"）。

第一条　本规约具有村与村民、村民与村民之间的契约性质，对全体村民均有相同的约束力。全体村民都应当自觉遵守执行，任何人不得以在外经商、务工为由拒绝执行。居住本村的外来人员参照执行本规约。

第二条　每个村民都要学法、知法、守法，自觉维护法律尊严，同一切违法犯罪行为、黑恶势力作斗争。

第三条　村民之间要团结友爱、和睦相处，不打架斗殴、不酗酒闹事，严禁侮辱诽谤他人、严禁造谣搬弄是非。

第四条　尊重老人是社会公德，赡养老人是后代应尽的义务。子女应共同商议给老人生活补贴，及医疗费用和赡养费等费用，照顾好老人晚年生活起居。

第五条　提倡移风易俗，倡导健康文明生活方式，反对封建迷信及其他不文明行为。反对婚嫁、丧葬等铺张浪费，提倡勤俭持家、节约办事。

第六条　村委会每年年底评选一次好人好事、最美家庭、最美庭院，给予表彰奖励。

第七条　适龄青年要响应国家号召积极应征入伍，对世居本村且丁冯户籍的新增服役青年给予一次性2000元的奖励。

第八条　不得违反法定程序越级上访、缠访和聚众集体上访。不借口煽动群众到机关、学校、企事业单位、村民委员会办公地、他人住宅和公共场所起哄闹事、制造事端、扰乱社会治安秩序。不得利用网络传播不良信息，污侮、攻击他人，不得造谣生事、发布不真实信息。

第九条　按照市、区相关规定我村全域都属于家禽禁养区，村民在村庄内禁止饲养鸡、鸭、鹅、兔、羊、猪等家禽家畜。

第十条　凡有饲养狗的农户，须定期注射疫苗，且每户只允许养1只，遛狗要使用牵引带，自觉清理粪便，不带宠物进入室内公共场所。

第十一条　村民严格遵守“门前三包”制度，即门前环境卫生、门前公共秩序、门前绿化美化，家前屋后保持干净整洁，不允许乱堆乱放，积极参加最美庭院评选。村组织人员对各户每年进行2次评定，对1次不合格的农户扣除当年“门前三包”100元，2次不合格的不予发放当年“门前三包”奖励。村集体公共绿化，不允许扒翻种植，谁损坏谁负责赔偿。对多次劝说仍不能按村委会要求整改到位的农户，停发该户股民分红及村民福利，直至按要求整改到位。

第十二条　沿路临街门面房要保持门前干净整洁，招牌破损要及时更换，不能有损村容村貌。

第十三条　村集体公共停车位坚持先到先停原则，不允许任何个人随意侵占，不允许旧车破车长期占用停放。

第十四条　耕地严禁栽树木。田间道路及渠道禁止堆放杂物，田间秸秆、杂草及农田废弃物不得随意倾倒，不得堆放在田头路道上，不得抛入河道，要倾倒至田间集中堆放点。有毒有害农药瓶、包装袋投放到指定地点（“田间三包”与“门前三包”相结合）。

第十五条　村民严格遵守夏、秋两季秸秆禁烧、禁抛要求，不准焚烧秸秆、杂草、生活废弃物，不准将秸秆抛入河道，抛秸秆入河视同焚烧。对违反禁令焚烧或乱抛秸秆的村民一经发现扣除该户当年股民分红；对被区级或区级以上部门发现并通报以有蓄意、恶意焚烧或造成严重后果的情形，扣除该户当年股民分红及村民福利。

第十六条　所有村民不得将村庄外的垃圾运回本村倾倒。

第十七条　新建住宅，不允许建室外厕所。1户只允许建1处厕所，村庄内取缔粪缸，对主动取缔粪缸并按标准自建三格式厕所的农户，经村委会验收合格后，村给予1000元补助。

第十八条　村民建房要服从村庄建设规划，经村委会同意后上报上级有关部门批准后方可建房。修建中不得擅自扩大所规定的建筑面积；不得修建违法违章建筑物，批准修建的房屋不得损害四邻利益。村民建房建筑垃圾和装潢垃圾必须倾倒至村指定地点，严禁乱倒。如有违反所有清理费用从其股民分红或村民福利中扣除，对阻挠清理的村民停发该户股民分红和村民福利，隔年清理的当年发放的股民分红和村民福利不予补发，清理费用从清理年度及以后年度中扣除。村民出宅后老宅基地归村集体所有，由村委会统一安排，任何人不得侵占。

第十九条　严禁破坏公共财物，不得偷盗集体水、电，损坏交通、生产、绿化等公共设施，情节严重者交公安部门处理。严格用水、用电管理。不经审批不得私自安装水、电设施。田间用电只允许村民电泵浇灌、育苗时使用电热线加温，严禁私拉乱接，严禁电动车充电，烧水、煮饭，严禁大田使用电加热设施。公共用水严禁个人使用。对违反禁令使用村、组集体电、水的村民，第一次发现取消该户一人的股民分红；第二次发现取消该户当年股民分红；第三次及三次以

美丽庭院

上发现取消该户当年股民分红及村民福利，其股民分红及福利由村集体发放归组集体。

第二十条　村民积极支持村殡葬改革，不准私葬、乱葬，不搞豪华葬，严格按照村提供集中安葬点集中安葬，统一墓穴式样。凡本村股民去世后，到村集中安葬点统一墓穴式样安葬的，安葬到朱东树葬园、永泰陵园或泰州墓园的，所有费用村民自己承担，村给予丧葬费补助2300元。本村集中安葬点不对外经营，只为本村村民服务，对不是股民的村民，村免费提供土地，墓穴费用村民自行承担。

第二十一条　本村的党员、干部和村民代表应当模范遵守和执行本规约。

第二十二条　本村规民约有与国家法律、法规、政策相抵触的，按国家规定执行。

第二十三条　本村规民约自村民代表会议通过之日起施行。对违反本规约的村民，经村委会告知、批评教育后拒

门前路道

不执行的，村委会有权取消该户股民分红及村民福利。具体奖惩尺度由村两委开会商量决定。

丁冯村门前三包考评细则

（2020年4月16日）

2019年8月28日经全体村民代表表决通过了《丁冯村村规民约》，现就村规民约第九、十、十一条“门前三包”制度经村两委开会研究制定了本考评细则。

1.“门前三包”每季考核1次，全年4次考核。一次不合格，“门前三包”奖励金100元不予发放；两次不合格，全年奖励金200元不予发放；三次以上不合格且严重影响周边环境的，取消该户当年度股民分红。“门前三包”整改派单按时整改的视同合格，每户一年不允许超过2次派单，派单未整改的，村安排人员整治，整治超出“门前三包”200元的费用从该户股民分红及村组福利资金中扣除。

2.在村庄内养殖家禽及犬1只以上的，“门前三包”200元不予发放，对有影响他人，村民多次举报投诉的，取消该户当年度股民分红，对于情节严重，影响恶劣的，停发该户所有村组福利。

3.当年度“门前三包”有一次不合格的取消当年度“最美庭院”及其他评优评先资格。

4.户外放活动粪缸粪桶倒粪，放粪缸粪桶视同露天粪缸，取消当年度“门前三包”200元奖励。村庄雨污分流工程改造结束后，仍有露天粪缸存在的，取消当年门前三包200元奖励及当年度股民分红。

丁冯村长效管护“田间三包”细则

（2021年4月9日）

为了认真贯彻落实国家美丽乡村建设的文件精神，营造整洁优美、文明有序、健康舒适的生产生活环境，进一步加强村庄环境长效管护工作，同时让广大村民积极参与环境卫生管理。前期“门前三包”初见成效，现就《村规民约》第十四条“田间三包”责任事项与奖惩措施制定细则如下：

责任事项：

1.“门前三包”与“田间三包”相结合，捆绑进行考核，每季考核一次。

2.田间路道整洁无杂物，确保通行顺畅；渠通无堆放阻水现象；工具房整洁美观，田间物品遮盖整洁。

3.沿村庄主干道集粪池清洁管理，确保密封储存。沿主干道各家各户田间用于集肥发酵的粪池取粪后即时加盖，要确保周边环境要整洁，无乱搭盖，不得占道晒肥影响道路通行。不允许将肥料堆放河边或倾倒水面，河内。

4.田间废弃物清运并定点堆放，各户必须按照要求将田间废弃农作物、秸秆等易腐物运送到村指定位置。不得私自堆于自家田头、田间路渠或抛向河道。禁止将承包土地租给其他人员用于非农业用途，或堆放其他物品。

以上规定望广大村民共同遵守执行。“田间三包”的责任区域为各农户承包田和自留地等一切种植活动范围；村民必须无条件履行“田间三包”责任制，即包田间整洁、包集肥管理、包废弃物清运。

奖惩措施管理办法

1.村委会为卫生监督检查单位，各户要自觉接受村委会的监督检查，共同维护村庄家前屋后及田间地头环境卫生管理。

2.经村民代表大会表决通过，自2021年1月起设立村民“田间三包”责任奖励金制度，对全年“门前三包”及“田间三包”责任考核合格的农户，每户每年奖400元，每季考核一次，每季合格奖励100元。村民不履行“门前三包”或“田间三包”责任，村委会有权责令其限期整改，若劝说无效，不配合村委会整治工作，停发该户奖励金，并从该农户的股民分红款项中，扣除用于对该户“门前三包”和“田间三包”清理整治费用，扣完为止，不设上限。全年3次考核不合格的农户，年终停发该户一人股民分红，全年4次都不合格的农户，年终停发该户全部股民分红。

3.同属一户的多地块进行捆绑考核，且只按照一户给予奖励金，不重复奖励。常驻本村无二轮承包地的村民，按户每年奖励200元，每季奖励50元。

4.独居老人不单独设户奖励，但其考核奖励金与子女捆绑考核。老人门前及田间管理考核不合格者，多个子女奖励金一并停发，并停发其子女股民分红，用于该户整治费用。

第八篇　习俗礼仪

丁冯村历史悠久，在长期的生产生活中形成了特有的习俗礼仪。众多习俗表达了丁冯村民对美好生活的祝福和憧憬。这些习俗随着经济发展和社会进步，在继承原有内容的同时，注入了新的文化内涵，对当今的精神文明建设提供了积极的借鉴。

饮食习俗

食制

村民一日三餐已成常规，冬闲时有人家晚起早睡，一日两顿，一般情况下，早晚吃粥，中午吃饭（习惯叫“吃晚茶”），有的家中有人上班，中午须在单位或厂里吃饭，因而就习惯在晚上烧饭、烧菜。春夏季节，有人家砌房子或干重活，到了下午两点或四点钟加一顿餐，称之为“小晚茶”。

主食

中华人民共和国成立前，丁冯村民过着“糠菜半年粮”的生活；中华人民共和国成立后，主食为大米，辅以面食、麦籼、糁儿间或食用，早晚烫饭（剩饭加水烧开而成）或粥，有时烙几块饼，或在粥里下几个疙瘩。改革开放后，人民生活改善，以烧饼、油条、麻团、红白汤面、馄饨、点心、干丝、鸡蛋、牛奶为早餐的人家日益增多。

副食

村民以米面为主食，辅以马铃薯（山芋）、芋头、瓜果、蔬菜。山芋可干煮，也可切片烧汤当饭来食用，还可以切片晒干，一年四季都可食用。芋头加点盐或咸菜卤煮熟后亦可当饭充饥，也可去皮后加作料烧油，既当饭，又当菜。胡萝卜、大头青也时常混合饭粥一起煮食。

中饭菜以青菜、萝卜、豆腐为主，汤多为青菜汤、咸菜豆腐汤，荤菜以自家的蛋品为主，其次为自取的水产品，包括鱼、虾、螺蛳、蚬子、河蚌之类。早晚吃粥，通常以咸菜、萝卜干、酱腌豆、豆腐卤、咸鸭蛋或中午剩菜佐膳。改革开放后，人民生活逐步改善，菜肴不断丰富起来。

建房习俗

自古以来，建房一直是人们生活中的一件大事。因而，人们在建房的过程中特别注重仪式，遵从当地习俗。

开工破土

开工破土需要先选定一个吉祥的日子，当日主家要准备好鞭炮、红绸、猪头等物品，然后在建房地点点燃鞭炮，烧香拜祭祈求土地神灵保佑家庭平安、建房顺利。

打地基

砖瓦匠先要放线，用红纸包住锥子打下去，然后用石灰进行画线。打桩的时候一般6人一组，其中2人扶住，4人拉动绳子，口中喊着号子，整齐划一。在打地基后，一般也会撒上一层5—10厘米的石灰。石灰有避虫灭虫的效果，在民间习俗中也有辟邪的说法。当遇到下雨天的时候，石灰遇水会膨胀，将砖缝间的空隙填满，老百姓称这个过程为"发"，有发财的寓意。

打地基

上梁

浇梁、上梁、抱梁

墙砌到顶的时候，便开始准备上梁。师傅们会把正梁留下，悬空放置于两张桌子上，待其他梁先上好后，择一吉日上正梁。上正梁当日，主家会为瓦匠师傅们备下清茶、果茶、京果粉茶，以表示对手艺人的尊敬。上正梁前，本地习俗是先浇梁，即用酒浇洒在正梁木上，同时木匠师傅会说一段浇梁“合子”以求吉利。“合子”说完才开始正式上正梁，师傅们会用红布包裹梁木，给正梁挂上被面，插上金花，称为“抱梁”。等到正梁放到预定位置时，现场燃放鞭炮，主家准备包封给师傅，木匠师傅从梁上往下抛馒头、糖果等。当日主家亲朋好友也会赶来祝贺，师傅们便会现场说一段“合子”以示庆贺。

闭龙口

梁上好之后就开始上瓦，瓦的行数是单数，中间一行正对门口，并在门口放上万年青。最后上瓦的过程叫“闭龙口”，瓦匠师傅会把钱扣在下面并说一段相应的“合子”。

婚嫁习俗

婚前习俗

媒妁　现今年轻人婚嫁多为自由恋爱，男女相处一段时间后，感到相互满意即可告知父母，商议婚嫁。此时会请一位对双方情况了解，并能与双方沟通的熟人做“现成媒”，现成媒人多为亲族中的长辈或德高望重者。做“现成媒”较为容易，其中很多问题（如彩礼、规模）容易解决，不需媒人往返说合。

还有部分年轻人的父母会托亲朋好友帮子女寻找、介绍合适的对象。介绍对象时一般从门当户对的角度考虑，考虑双方的家世、财产、人品、学历、年龄、工作、相貌等基本条件，做到大致相配。也有热心人主动撮合不相识的男女双方，一般先向男方提出，经回话有同意洽谈的意向后，再向女方提出。做媒启口之初，俗称“讨喜酒吃”。

请媒人一般是男方出面，做媒成功后一般要送烟、酒、糖等礼品酬谢媒人，男女双方举行婚礼时还需邀请媒人来喝“谢媒酒”。现今社会上还有许多专业的婚姻介绍所，婚介人员将未婚男女的相关信息及择偶标准通过中介的方式向男方、女方进行介绍并收取相关费用。

访亲　访亲在双方交往稳定后进行，一般分为明访和暗访。明访，是指男女两家约定时间、地点会面，由女方的至亲好友与男方见面交谈，了解男方情况。但随着自由恋爱的增多与观念的更新，现今多采用暗访形式。暗访主要通过亲朋好友或与被访者相熟的邻居朋友，了解被访者的经济状况、家庭情况、品行道德、性格脾气等情况。访亲时一般还需了解对方是否有传染病史或家族遗传病。通常女家访男家还需了解男方父母性格是否和善、是否有“重男轻女”思想、有无婚房等情况。

会亲（订婚）　男女双方交往稳定并有结亲意愿后，由男方出面设筵宴请女方亲友。会亲一般邀请男女双方的直系亲属或至交好友出席。会亲时，男方会象征性给女方送金银首饰或衣服鞋帽等，意味着男女双方的恋爱关系得到双方亲友的认可，并考虑筹备婚嫁相关事宜。部分家庭仍采用订婚酒宴的形式宣告男女双方初步确定婚姻关系，通常由男方在酒店设筵宴请女方亲友，媒人居首席，称为大宾。订婚酒宴的数量以双方家庭自行商议为准。订婚时，男方一般需给女方置办金银饰品、服装衣帽、给付订婚礼钱，或由女方提出所需物品由男方购置。但现今一般已不再将订婚视作必须程序，而将会亲作为男女双方订婚的象征。

送节礼 春节、端午、中秋三大传统节日前，已谈定婚事的男方需给女方送节礼。过年时送烟、酒、糕、糖、烟花爆竹、活鱼（公母鲤鱼各一条）、“合肉”（肋排两根或四根以上双数）及其他年货。端午节要送应时的枇杷、黄鱼、绿豆糕、粽子等物以及烟、酒、鱼、肉。中秋节送莲藕（带枝的整条藕一对）、对鸭（一公一母）、月饼、苹果，烟、酒、鱼、肉等。女方收礼后，应从中取出部分作为回礼，公鱼、公鸭留下，母鱼、母鸭男方带回。现在逢年过节，女婿都要给岳父母送礼。

择定婚期 男方迎娶前事先向女方提出，获得女方同意后由男方选择两个日期，并由女方择定。结婚日期一般依旧俗按农历挑选吉日，通常为双日，逢六尤佳，避四（“四”谐音“死”，不吉利），多选在双休日或法定假日，有时还要避开婚礼举办的高峰期。

彩礼 择订婚期之后，男方着手置办彩礼，包括首饰、礼金、婚纱、新衣服等。首饰一般多为钻戒、铂金饰品、金器等，一般有“三金”之说（“三金”指金项链、金戒指、金耳环）。彩礼送出后，婚约正式缔结，一般不再反悔。若女方悔婚，彩礼需退还男方；男方悔婚，彩礼一般不退。随着生活条件改善，订婚彩礼档次规格不断提高，小到金银首饰，大到数万元的现金及汽车等。除此以外，男方还要准备红包和婚礼筹备费用。

嫁妆 女方在出嫁前需准备好嫁妆，嫁妆包括衣饰、被褥、家电及其他用品。随着人们生活水平的日益提高，现今嫁妆丰富多彩，女方会根据自家经济实力增加金银首饰、汽车、现金等。

婚纱照 现今男女结婚拍婚纱照都会选择心仪的婚纱影楼，婚纱照既有室内照也有室外照，室内照片主要在影楼拍摄，室外照大都选景于当地的名胜景点，或到附近城市。新人成婚后多将结婚照悬挂在墙上，以示幸福和甜蜜。

压箱钱、接嫁妆、铺房 女方在出嫁的前一天，娘家会将新娘的嫁衣装进箱子，并在箱子一角放上压箱钱（压箱钱由媒人与双方沟通确定）。新娘到婆家后，婆家要在另三个角各放上相等数量压箱钱，女方亲友赠给新娘的财物，称为“添箱”。婚前数日，男方须按双方约定时间，派人开车去女方家接新娘及嫁妆。此时需带上彩礼、鞭炮、喜糖、烟、酒、鱼、肉等，婚前会邀请一位多子多福的“福奶奶”为新人铺床，铺床时在被褥下放置铺床的喜钱，撒上红枣、花生、桂圆、莲子等干果，象征早生贵子。婚纱照悬挂于卧室床铺后的正墙上，门、窗、桌上分别贴放大红喜字，桌上可放玫瑰、百合等寓意婚姻和美的鲜花。

备开门封和赏封 男方娶亲前需将开门封和若干赏封都用红纸包好。开门封专为新娘的亲友准备，有几个就准备几份，赏封为娶亲时现场的小孩子们准备，数量应足够以备小孩子们索取。现今开门封为666元、1666元、6666元不等，赏封通常为20元、50元、100元不等。

结婚习俗

接亲放鞭炮 婚礼当日，新郎会请2—6位好友跟随车队前往迎娶新娘，一般在早晨6时前到达新娘家，赶早走一为路上越走越亮，象征吉祥；二为防止路上与送葬车队相遇，以避丧气。接新娘大多使用花车（也叫“喜车”）。花车总数为双，接亲人数也为双。接新娘的车队一般配备一辆主花车，另配备若干辆副花车组成车队，总车数一般为四或八（“四”与“事”谐音，取“事事如意”之意）。与新郎同往迎娶新娘的，除一位主伴郎外，还可有多名“男傧相”以壮声势。花车行驶途中，应一路燃放鞭炮以示庆贺。

开门封 花车到达时，由女方的弟弟或侄儿开车门，新郎下车给小男孩红包答礼，然后进入女方家。新郎与女方父母见面问好，随后捧花接新娘。新郎迎娶新娘时势必遇上房门关闭，伴娘、新娘的亲友常站在房门内，向新郎提出各种要求，新郎奉上开门封或满足要求后，方可进门迎接新娘。

出门 新郎需将新娘家事先藏好的婚鞋找出为新娘穿上。新人出门前，要向新娘父母敬茶，新娘父母给“改口红包”，将新娘交托给新郎。随后，娘家女方须以“三道茶”（果子、圆子、点心）招待新郎及接亲队伍，寓意团圆美满、早生贵子。吃毕，新娘向父母告别，感谢父母的养育之恩。

丧葬习俗

入殓、吊唁

旧时老人过世前需置办好寿衣（又称“老衣”），件数逢单，一般为7或9件，材质不得用皮毛、绒线质料，袖长过手臂，裤不缝裆。

老人弥留之际，亲属应随侍身旁，在外地的子女、亲属闻讯应昼夜兼程赶回与老人“见面”。老人一去世即为其理发、擦澡、更换寿衣，俗称“小殓”。安置妥当后，子女向至亲好友及亡者生前单位报丧。

单位代表、亲友吊唁送花圈、花篮、白纸封的奠仪，吊唁者不分辈分，向遗体跪拜或敬三鞠躬礼。子女一旁答礼，奉上糕、糖、香烟，表示感谢。

出殡、火化

人死后第三天早晨出殡，所有送葬人臂戴小黑袖套，立于灵前，行告别礼。土工司仪主持向遗体行告别礼，子女在前，众亲友随后依次绕遗体一周，瞻仰遗容，告别礼后土工用寝单系好遗体，放入水晶棺内，抬上灵车。

火葬场内设有灵堂，遗体安放于灵堂中央，正面靠墙立亡者伴侣及子女的花圈，灵堂两侧立亡者原工作单位及众亲友送的花圈。殡仪馆人员主持告别仪式，仪式后遗体推进焚化炉火化，花圈、花篮剪去下款，送专设的焚化点焚烧。领取骨灰盒后，长子捧骨灰盒，次子（女）或孙将遗像贴胸而捧，送葬队伍不走原路返回，车辆直接开到墓地后，将骨灰盒安葬，亲友需绕坟墓三圈。

做七

亡者过世之日起开始“计七数”，每隔7日祭奠一次，称“做七”或“烧七”。共7个“七”，第49日为“终七”。其中“二七”“六七”祭奠活动最为重要，亡者的嫡系亲属都要参加，“烧七”时，供饭三碗（与灵前同），碗筷专用，每次都不更换。烧纸锞时，给家族中直系、旁系亲属各带一只红纸锞包一起烧化。现今简化“烧七”仪式，把后几个“七数”都在“二七”一并祭祀完毕。烧纸锞包时，连同黑袖套一并烧去。旧时习俗守孝须三年，每年逢忌日均要供、烧。

岁时节俗

春节

从农历正月初一到十五是中国传统新年。正月初一清晨，各家于门前燃放烟花爆竹，儿童起床后，先吃枕边由长辈在除夕夜就放好的枣、糕、桂圆等压岁果，寓意“开口甜”。晚辈向长辈道“恭喜”，长辈给晚辈“压岁钱”。早餐先吃红枣、莲子煨成的“果子茶”，后吃豆沙、芝麻馅心的汤圆，寓意家庭团圆、生活甜蜜。早餐后，全家外出至长辈家中拜年，若长辈居住较远，也可电话拜年。同辈及好友之间则多以打电话或发信息的方式相互祝福。

若遇到有人上门拜年，主人必定敬上好烟，奉上“果子茶”，端上糕点、酥糖。客人如携带小孩，主人则须赠以“压岁钱”。新年期间，各家餐桌上菜肴丰盛精致，鸡、鸭、鱼都有，有的菜肴还有吉利含义，如肉圆、鱼圆、蛋圆，寓意团圆；鱼寓意年年有余；笋干寓意节节高。

正月初二日，女儿、女婿回娘家拜年，亲朋好友也欢聚一堂，轮流做东。随着生活条件改善，在饭店吃年夜饭的现象越来越普遍，席间人们觥筹交错，互致祝福，畅叙情谊。餐后三五成群或在家中娱乐，或游览名胜景区、繁华街市，兴尽方归。

正月初五为“财神日”，深夜零点时分，人们开始燃放烟花爆竹，噼里啪啦之声此起彼伏，直至天明，俗称“抢财神”“迎财神”，希冀新年财运亨通，富贵有余。

随着生活水平的提高，许多家庭改变了居家过年的方式，选择起了外出旅游的方式，海陵区多家旅行社开辟境内外春节旅游产品，省内旅游当天即可来回，境外旅游人数逐年增多。

元宵节

正月十五元宵节，又称上元节、灯节。民谚曰：“十三上灯，十四新春，十五元宵，十六牙朝，十七等等，十八落灯，

民谣歌里庆元宵

十九算账，二十动身。”旧俗称“上灯圆子落灯面”，即正月十三早上吃圆子，正月十八晚上要吃面，这一习俗沿袭至今。

旧时灯节所用花灯以竹篾作骨架，外糊刷花白纸或彩纸，扎成兔子灯、蛤蟆灯、马灯、飞机灯、荷花灯、凤凰灯、花篮灯等，灯内插拜烛（小蜡烛）点亮，现今则多使用小型塑料电子灯，一按按钮，灯亮并伴有音乐。

正月十五元宵节，早上人们吃汤圆，晚上吃炒圆子，炒圆子是把馅心分成一小块，撒在竹匾内的湿糯米粉上反复颠簸旋转，滚成小圆子，下锅炒时，放少许油，不停炒动，外圈形成黄壳时放入油、糖、桂花翻炒，盛入盘中，香气扑鼻，甜且软糯，口感极佳。

元宵节晚上部分村民在家收看中央电视台元宵文艺晚会，部分村民出门观看文艺演出和舞龙灯、舞狮子演出。海陵区内主要街道灯火通明，凤城河景区望海楼、三水湾、老街等处灯火辉煌、热闹非凡。

二月二

二月二，俗称“龙抬头”。民间有“二月二，龙抬头，大满仓，小仓流”的谚语，当天村民们都会去理发，因为有“二月二剃龙头，一年都有精神头”的说法。

文明祭扫

清明节

清明节是祭祖和扫墓的传统节日。当天上午人们备上供品香火到祖茔墓田为祖坟添土、烧纸，俗称“上坟”，中午各家设供桌、敬祖先、焚香烛、供酒饭、烧纸锞。自泰州墓园建成后，不少家庭选择文明祭扫，悼念先人。

端午节

端午节，即农历五月初五。端午节前，不少家庭喜欢包粽子。粽子用芦叶裹糯米而制，用线包扎，样式多种。糯米中加入赤豆、花生米、红枣、蚕豆瓣、蜜枣等物，可制成各种口味的粽子。端午节中午，合家团聚用餐，菜肴丰盛，有的家庭还备有五红，如红烧黄鱼、虾、咸蛋、炒鳝丝、苋菜等，现经济条件宽裕，多不止五红。端午节古时称毒月、毒日、毒时，一般不出户，更不外出。节前，各户买菖蒲、艾叶插入瓶内或悬于门旁，驱除蚊虫，以防疫病。午后，将菖蒲、艾叶剪碎，用水烧煮，给孩子洗“百草汤”，据说可防治皮肤病。此外，端午节农村尚有儿童穿虎头鞋、佩索锁、佩蛋网，用手指蘸雄黄酒在儿童额部涂“王”字之习俗。

乞巧节

乞七节，即农历七月初七，也称七夕。传说是被银河隔离的牛郎、织女相会的日子，旧时有姑娘们向织女乞巧之俗。

中秋节

中秋节，即农历八月十五，俗称“八月半”。晚间月光下，合家团圆，喝团圆酒。中秋节有吃月饼的习俗，月饼分为苏式和广式。以前人们多喜食苏式月饼，有五仁、枣泥、豆沙、火腿、椒盐等品种，皮酥油多，馅偏甜，现在人们转而爱吃饼皮松软、甜度较低的广式月饼。月宫饼又称团圆饼，饼面撒满芝麻，多以五仁为馅，一只0.5千克以上。中秋节时，村民多自用糯米粉制作粘饼，有芝麻、豆沙、菜肉等馅心，用油煎烤。晚饭喝完团圆酒后，开始“敬月宫”，在屋内门边向月处放供桌，供桌上焚香烛，供月宫饼、荷藕、粘饼、菱角、芋头、莲蓬、柿子、石榴等物，向空拜月后，合家喝茶谈心，品尝果物，收看电视，其乐融融。

重阳节

重阳节，即农历九月初九，又称重九。旧时有当天饮菊花酒、吃花糕、插茱萸、赏菊的风俗。现多已淡化。1989年，国家将此日定为老年节后，各级单位领导登门慰问孤寡老人，部分团体、企业到福利院为老人送去慰问品。青年学生为老人提供服务，表演文艺节目。丁冯村每年都在村老年活动中心开展敬老爱老活动，为老人发放慰问金。

冬至节

丁冯村流传“大冬大似年，小冬烧白钱”的说法，习惯于冬至前一天“烧冬”。家家备菜肴、点香烛、焚纸箱，拜祭祖先。

腊八节

腊八节，即农历十二月初八。当天有喝腊八粥的习俗，相传为这一天是佛祖释迦牟尼成道之日，佛家要诵经做道场，效法佛祖成道前“牧女献乳糜”的传说故事，取香谷、果实煮粥供佛，并招待香客，沿袭为腊八粥。腊八粥以大米、粟米为主，从赤豆、黄豆、红枣、莲子、白果、百合、意仁、板栗、花生米、桂圆肉、银耳、香菇、金针、青菜、山芋、芋头、胡萝卜等物之中选取若干一起煮熟，家中如果有信佛的人，会起早赶到附近的光孝寺、净因寺，接受寺院免费施舍的腊八粥，希望借此得到佛祖的保佑。

小年

小年，即农历腊月二十四日，俗称辞灶节。传说这一天灶王爷升天，将一家功过向玉帝禀报。人们为祈求灶王爷上天言好事、下界保平安，首先供奉糖粘给灶王爷，以让其只说好话不说坏话。然后将灶王爷像、纸钱烧掉，以示送灶王爷上天；当天家家户户还会做好“掸尘”，即擦窗户、洗被褥等清洁工作，干干净净迎接新年。

除夕

除夕，即农历腊月三十，俗称“大年夜”。在外的人要回家团圆，家家户户大门两侧贴春联、挂灯笼，迎门或门中央位置贴“福”字，晚上一家人一起吃年夜饭，年夜饭菜肴丰盛，鸡、鸭、鱼肉都有，并用其谐音有吉利特征者，如肉圆、鱼圆、蛋圆（团圆），鱼（有余），笋干（节节高）。随着生活水平的提高，流行年夜饭在饭店吃，但须提前1—2个月预订，有的生意兴隆的饭店甚至需要提前半年预订。饭后全家聚坐一起收看春节联欢晚会，有的人通宵不眠，称“守岁”。妇女摆设贡品祭奠神灵、祖先，祈求来年红红火火。晚上12点，燃放烟花、爆竹，辞旧迎新。

第九篇　人　物

丁冯村是个人杰地灵的村庄，古往今来，人才辈出。梅俊在朝鲜战场浴血奋战，多次立功受奖；陆稳银全身心投入本职工作，被评为“全国模范敬老院院长”；冯淦寿敢闯敢干，带领群众发家致富，彻底改变了村庄落后面貌；老党员马月秋、科研人才丁俊、电商能手陈健在各自岗位上为社会主义现代化建设作出了贡献。他们爱国爱乡的情怀让人肃然起敬，是每个丁冯人的骄傲。

人物传略

冯文明(1919—2013)

丁冯村人，中共党员。1949年4月参加工作，1950年3月加入中国共产党。1950年6月任泰县港口区唐丁乡指导员，1951年任泰县港口区窑头乡支部书记，1953年任窑头乡政府委员，1955年任泰州市新城乡副乡长。每到征收公粮时，他都亲自带领工作队挨门逐户耐心细致做工作，顺利完成上级交给的任务。1956年离职后，尽管生活比较艰苦，但他从不向组织伸手。组织上安排他到农机站做门卫工作，来增加生活补贴，他表示十分感激。1960年11月，冯文明去扬州船厂打工，直至退休。

冯秉德(1929—2021)

丁冯村人，在私塾读书8年，从小受革命者的影响，偷偷阅读解放区的进步书籍和宣传材料。1949年11月和顾鸿林等进步青年一起，报考"冬师速训班"，参加了革命工作，同年加入共产主义青年团。1950年3月任泰县港口区农贷干事，1952年2月任港口粮库会计，荣获泰县粮食管理工作二等功，1953年8月任溱潼粮库副主任，1954年3月当选溱潼镇人民代表，1956年6月任泰县粮食局储运股长。1969年12月下放丁冯四组劳动，1973年调东郊人民公社工作，1978年2月任泰州市第一粮库副主任，1989年7月获评经济师职称，1989年12月光荣退休。

梅俊(1933—2002)

丁冯村人，中共党员。1950年，参加中国人民志愿军，在朝鲜战场上英勇顽强、浴血奋战，他曾参加松骨峰阻击战和上甘岭战役，多次受伤也从不下火线。他历任志愿军战士、班长、排长，多次立功受奖。1953年回国，转业到河南省平顶山市矿务局工作。在社会主义经济建设中，他吃苦耐劳、清正廉洁，表现出了一个共产党员的革命本色，历任车间党支部书记，平顶山矿物务局水电厂党委副书记、书记（县处级）。1993年光荣退休，2002年病故。

徐怀仁（1934—2009）

丁冯村人，出生于医学世家，祖父徐朗山、父亲徐济之都是专治喉科的名医。他师承前辈的医术，结合自己多年的临床经验，自行配置喉科外用药和中药汤剂。他大胆运用“烙铁烫‘添气’”的技术，将烙铁在酒精灯上烧烤到一定温度，伸入病人咽喉处进行熨烫，从而根除病患。当时老百姓的条件都不好，周边村庄有些穷人没有钱看病，还有些人因为身体原因，腿脚不方便出行。徐老先生听闻后，二话不说，立马带上看病所需物品赶往病人家中，村民无不感激，有的用鸡鸭作为报酬，有的拿粮食作为酬谢，都被徐老先生拒绝了。徐老先生终生恪守医德，尽心尽力为民服务，因此“喉科名医”的声誉传遍里下河一带及扬州、上海等地。

姚宝如（1935—2022）

丁冯村人，农民出身，孤儿，1950年后在窑头乡做通讯员，1968年加入中国共产党，1970年调任丁冯村做会计，1972年任丁冯村支部副书记。任职期间，他带领群众平垎岸，造粮田，曾立下军令：三年不吃国家供应粮，不完成任务自动辞职。白天，要完成干部每年劳动280天的任务；休息时间，找农民促膝谈心，化解矛盾；晚上，召开社员大会，统一思想，布置工作。每逢冬季，他吃宿田头，一边值班一边帮助村民干活，连续三年都没有回家过年。1977年，他调到东郊乡农业科任副科长，1978年，调农机站任党支部书记、站长。为壮大集体经济，他组建东进运输公司，三年内农机站实现了扭亏为盈。由于工作勤恳、经营有方，到了退休年龄时，领导要求他继续留任，直到1998年正式办理退休手续。

陆稳银（1943—2019）

丁冯村人，中共党员。1961年5月担任刘垛大队总账会计；1965年10月任刘垛大队长（当时刘垛村无党支部，大队长主持工作）；1968年4月担任大队革命委员会主任；1971年4月调到朱庄人民公社担任会计辅导员；1973年9月任朱庄农机站站长；1980年10月任朱庄乡政府计划生育科科长；1988年4月至2003年3月任朱庄乡政府民政科科长和东郊乡民政科科长。在担任刘垛大队革委会主任时，组织和带领村民“活学活用”毛主席著作，艰苦奋斗，不怕困难，敢闯敢试，平田治垎，农业生产稳步发展，粮食产量逐年提升，很快改变了刘垛村落后的面貌，刘垛大队被评为泰县先进单位，全县组织4万多人前来参观学习。由于工作出色，成绩显著，多次受到公社、泰县、扬州地区表彰。在担任计划生育科科长时，工作积极主动，一丝不苟，全身心地投入其中。民政工作特别是朱庄敬老院建设工作得到泰州市、扬州市及省民政厅的一致好评，朱庄敬老院先后被评为市、省文明敬老院和全国模范敬老院，陆稳银被泰州市、江苏省民政厅多次评为“先进个人”和“先进工作者”，1994年还出席民政部召开的“全国民政工作先进个人表彰大会”。2003年退休，后于2019年9月病逝。

丁年宝（1956—2022）

丁冯村人，中共党员，1975年2月参加工作，先后任丁冯村六队会计、丁冯村六队副队长、丁冯村现金会计，1987年10月任丁冯村海陵棉绒厂厂长。1990年1月任丁冯村工业办公室副主任，协助工业、企业经营管理，工作业绩突出。1993年6月任丁冯村村委会副主任兼丁冯村北郊综合经营公司经理。1997年6月任东郊乡西坝村党支部书记、经联社社长。1999年2月调城东街道工作，任城东街道审计所所长、经管站副站长同时兼任城东街道窑头村党支部书记。2001年5月任东郊乡渔行村党支部书记。2002年4月任东郊乡魏徐村党支部书记。2005年4月任东郊乡窑头村党支部书记。在几村任党支部书记期间，招商引资，兴办企业和蔬菜示范园、新建桥梁、修整路道、安装路灯，村集体经济逐步壮大，群众生活环境不断改善。2004—2006年连续三年获得街道年度考核优秀奖，2006年荣获海陵区年终考核工作三等功，2011年荣获江苏省第六次人口普查先进个人，2017年2月光荣退休。

人物简介

马月秋

1931年生，1951年参加革命工作，任丁冯村妇代会主任，任职期间，挨家挨户了解妇女的情况，哪家一有点情况，她都会立即前去了解、处理、追踪，凡事事必躬亲，深深地把村妇女放在心里。因此获得泰州“好姐妹”称号。1953被选为泰县窑头乡政府委员，1956年加入中国共产党。1962年任丁冯村党支部副书记，并主持工作。1965年调任东郊乡地毯厂厂长，1987年退休。

马咸

1937年生，1958年考入南京工学院（今东南大学）无线电专业。1962年大学毕业，分配到北京774工厂。1968年调到泰州半导体厂工作，1973年调入上海电真空研究所，任高级工程师。1996年退休。

洪振银

1945年生，1961年小学毕业后回家务农，1964年任生产队会计，1970年任丁冯村现金会计，1977年任丁冯村总账会计，直至2005年退休。任职期间几十年如一日，勤勤恳恳，兢兢业业，账目清晰，条目完整，上级相关部门组织的历次财务审查，他都是零误差，多次受到上级领导的表扬。他为人正直善良，热情关怀青年人成长，工作二十八年来，他先后培养了7名有责任心、有能力的村务会计。

周有福

1955年生，1974年参军入伍，先后任部队排长、分队长、副中队长、中队长、主任。在部队期间，周有福吃苦耐劳，全心钻研技术，经常在机械设备旁一待就是几天，因此在机械方面有着过硬的技术，获得“优秀机务工作者”

的嘉奖。1995年，转业到泰州市质量所服务中心，1996年，任泰州市衡管所所长，1997年泰州市衡管所变更为泰州市质量技术监督局衡计室。新成立的衡计室，人少，工作苦，但周有福并没有因此埋怨，而是坚持在岗位上任劳任怨的工作。2013年，周有福被评为泰州市劳动模范，江苏省道德模范。同年任泰州市质量所服务中心办公室主任，直至退休。

冯淦寿

1956年生，中共党员。1976年入伍，1978年加入中国共产党。1979年回乡务农，1980年任丁冯村团支书书记兼农技员，1989年任丁冯村党支部书记。他敢闯敢干，先后参与创办互感器厂、棉绒厂、电子设备厂，主持兴建泰州墓园和水产批发市场，同时加强农田改造，引导农户大棚种植，带领村民开挖鱼池近200亩，彻底改变了丁冯村经济落后的面貌。1992年，丁冯村走进泰州市小康村的行列。1995—1996年，丁冯村被评为江苏省财务管理先进单位。1997年任东郊乡党委副书记，1998年初任东郊乡乡长，2000年任海陵区蔬菜办主任，个人荣获泰州市科技进步二等奖。2004年，任海陵区农业局局长，2007年任海陵区城乡建设工作委员会主任，2016年退休。

姚志江

1971年生，大学本科学历，中共党员，1990年12月入伍。从学校大门跨入部队大门近三十年的军旅生涯，他始终勤奋好学，钻研义务、作为一名后勤人员他用心服务战友。先后任战士、班长、部队勤务船中队司务长、修理所副主任、财务助理员、海军威海离职干部休养所会计师。他不断增强自身专业能力，在役期间他在海军后勤学院财务系继续深造，获得八级会计师的职称。先后获得海军北海舰队三等功一次，伙食管理先进个人、优秀司务长等荣誉。2017年以正团级退役。

丁俊

1987年生，在渔行实验学校完成义务教育阶段的学习，因成绩特别优异，被南京师范大学附属中学录取。2006年考入上海交通大学，2010年毕业后去美国约翰霍普金斯大学深造，2014年获博士学位；2014—2015年留校任博士后研究员；2015—2019年在美国劳伦斯伯克利国家实验室任博士后研究员；2019年回国，在西安交通大学材料科学与工程学院任教授，长期致力于高性能合金材料的结构与性能关系、金属材料的力学变形行为等方面的研究。迄今已发表30余篇SCI论文，总引用1800余次；其中以第一作者发表论文20篇，包括诸多世界著名杂志。研究工作被美国能源部选为研究热点。他主持国家级青年特聘人才项目，国家自然科学青年基金项目，西安交大青年拔尖人才计划奖励。

陈健

1988年生。2004年初中毕业后就进入车床厂学习机械，2006年他一个人到浙江学厨，2011年开始接触电商行业，一开始做电商的时候主要销售一些小型的家用电器，他通过广告推介、优惠活动等方式来提高知名度，店铺的生意渐渐好转。2013年净赚20万元，2014年他开始在网上经营大闸蟹，每年都能有几十万的净利润。2021年起，他经营预制菜、大闸蟹、茶叶等产品，利润也非常可观。通过多年打拼，他终于创造出自己的一番天地。

马连军

1968年生，中共党员，中共党校函授学院经济管理专业本科毕业，现为泰州市泰山橡胶有限公司党支部书记、总经理。1986年7月高中毕业后进入泰州市胶鞋厂工作，12月担任经营部经理，1992年10月泰州胶鞋厂和春兰橡胶厂合并，组建泰州市泰山化工物资有限公司，任总经理。2008年，为扩大生产规模，成立泰山橡胶有限公司。三十多年来，他克服困难，以诚信待客，守法经营为宗旨，加之他敏锐的市场洞察力，使得泰山橡胶有限公司迅速发展壮大，成为苏北地区橡胶行业较大的经销商，2023年年销售额达1.5亿元。

马连军在业务上与时俱进，不断创新。面对近年来橡胶价格剧烈震荡，市场风险不断加大的情况，他抓住市场主动权，每天上网了解国内外橡胶现货、期货市场行情，市场预测总能超前一步，抢得先机，所以泰山橡胶有限公司的价格成为周边同行定价的风向标。

马连军还特别重视调动员工的积极性，他为所有员工办理社保和医保，解决了职工的后顾之忧。1997年，马连军顾全大局，托管兼并了濒临破产的第二蓄电池厂，先后投资200万元，引进人才创办了精卫医疗器械公司和美丰泵业公司，解决了企业退休职工的工资福利，安置了100多名下岗职工。

由于业绩突出，泰山橡胶有限公司被列为“海陵区服务业重点成长型企业”，2004年被授予“海陵区文明单位”光荣称号。马连军则多次被评为“优秀共产党员”“先进工作者”等荣誉称号，2003年荣获“泰州市劳动模范”称号。

吴秀珍扎根丁冯乡村教育

吴秀珍（1927—2017），1965年，她来到丁冯村小学任教员。那时的学校设在一座尼姑庵里，教学条件极其艰苦。她每天早出晚归，中午自带中饭，刮风下雨从不迟到早退。当时有位姓陆的学生时常吃不上中饭，吴老师总是将自带的中饭分一半给他吃；有学生生病了，她总是带上几个苹果上门看望；有几户人家，孩子上学交不起学费，她就从渔网厂拿来网线，教他们利用时间结网赚钱来抵算学费。后来吴老师因工作调动，依依不舍地离开了工作多年的学校。她的学生们含着眼泪将自己的老师送到村外。直到今天，他们还在深深地怀念亲爱的吴老师。

戚根生传承发展百年非遗

戚根生，中共党员，1957年10月生，1975年12月参加工作，一直师从泰州百年老字号五云斋第五代传人刘健春大师，从事糕点制作、销售、管理工作，1998年，他全面接手泰州东方食品厂，任总经理一职。他以娴熟的制作技艺和丰富的管理经验及把握市场的敏锐力，带领东方糕点人以顽强的意志和拼搏精神，重塑百年老字号新形象，2001年6月，他成为泰州市非物质文化遗产项目——泰州嵌桃麻糕制作技艺传承人，2018年9月被海陵区总工会授予第二届“海陵工匠”的荣誉称号，2019年1月，被泰州市商联会评为“泰州市流通业改革开放40年杰出贡献人物”。

伏坚根艰苦创业做大做强

伏坚根，1977年生，兴化市周庄镇人。24岁开始创业，早年从事运输业，跑短、长途货运，为减少车辆维修开支，他自学维修技术，自己能排除机械故障。2004年，伏坚根看到金属制品行业的巨大商机，决定转型。没有资金，他毅然将货车变卖，全家凑足5万元作为启动资金。没钱建造厂房，他多方打听，租下一间简易厂房。没钱买设备，他花13200元到废品收购站购买人家废弃淘汰的设备组装、调试。没有技术人才，他花了大半年的时间刻苦自学，在实践中不断摸索，将自己培养成一个“土专家”。

2011年伏坚根将创办的泰州市海陵区鑫慧金属制品厂搬至丁冯村东风北路209号，增加投入、添置新设备，企业很快进入快速发展期，效益蒸蒸日上。2018年产值超2000万元，成为城东街道规上企业，并列入区级列统规模企业。2021年底，他又加大投资，新盖厂房1500平方米，购置了智能生产设备。2023年，产值达4500万元，利税102万元。

徐国华自强不息争创一流

徐国华，1979年生，姜堰区俞垛镇人。1998年高中毕业后跟随师傅到郑州、大连做木工，睡工地、打统铺、吃大锅饭，工作很辛苦。

2001年，回家过春节的他听朋友说煤球生意火爆，许多个体商贩争先购买煤球机，他敏锐地嗅出商机，决定投资生产煤球机。他坚持诚信服务，自学设备维修技术，亲自为客户上门服务，寒冬腊月、刮风下雨也从不间断。优良服务和产品质量让他获得了一批忠实客户，也积累了第一桶金。

2004年，经朋友介绍开始从事车床金属加工业务，他起早带晚干活，谈业务、发送货都是他一个人。2010年，徐国华终于找到一家大型厂商合作，为他们生产滤油机零部件。2012年，敢想敢干的徐国华打算自己独立生产滤油机。由于现有厂房、设备等条件限制，他来到丁冯村工业园区，建成江苏恒达环保机械有限公司。2018年，企业购置激光机、自动剪扳机等设备，产品由小型滤油机转向生产中大型滤油机，销售方式也从最初的上门跑业务到电商平台网络销售。徐国华还从泰州机械厂引进4名退休技术人员组建自己的研发团队，并成立自己专业的网上销售团队，为职工购买了社保、医保。2019年，企业被泰州市市场监督管理局评为“守合同重信用企业”。2023年，该公司已成为国内大型滤油机生产的一流知名企业，产品出口40多个国家和城市。

人物名录

丁冯村区级及以上先进模范人物名录

表 13

姓名	荣誉称号	授予单位	授予时间
马月秋	基层妇女工作“好姐妹”	县级泰州市妇联	1990 年
冯淦寿	防汛抗灾工作先进个人	泰州市委、市政府	1991 年
	农村改革和建设工作先进村干部	泰州市委、市政府	1994 年
	“创先争优”优秀共产党员	海陵区委	1998 年
梅荣宝	人民调解工作先进个人	泰州市委、市政府	1991 年
陆稳银	全国模范敬老院院长	民政部	1995 年
丁筛宝	防止民间纠纷激化先进个人	江苏省司法厅	1996 年
	新农村建设先进个人	海陵区委、区政府	2009 年
姚志春	泰州市“舍己救人好青年”	县级泰州市委、市政府	1996 年
	杰出青年志愿者	共青团泰州市委	1996 年
金鼠珍	泰州市“十佳贤内助”	泰州市纪委、组织部、妇联	2000 年
马连军	泰州市劳动模范	泰州市政府	2003 年
陆罗红	优秀基层党支部书记、三等功	南京航空兵训练基地第一团政治处	2003 年
	优秀党务工作者、三等功	原济南军区空军政治部	2004 年

续表

姓名	荣誉称号	授予单位	授予时间
姚志贤	“创先争优”优秀共产党员	海陵区委	2004 年
周粉根	社会综合治理创安工作先进个人	海陵区委、区政府	2006 年
	优秀共产党员	海陵区委	2016 年
冯建国	第六次全国人口普查工作市级先进个人	泰州市第六次全国人口普查领导小组	2011 年
	全市抗击新冠肺炎疫情先进个人	泰州市委、市政府	2021 年
刘凤盛	安全生产工作先进个人	海陵区政府	2012 年
戚根森	江苏十佳创业之星	江苏广播电视总台	2012 年
	全省供销合作社系统劳动模范	江苏省人社厅、江苏省供销总社	2017 年
洪　磊	优秀士兵	原沈阳军区装备部	2012 年
丁学兵	优秀基层党组织书记	海陵区委	2012 年
周有福	泰州市劳动模范	泰州市政府	2013 年
万承军	乡村振兴工作先进个人	海陵区委、区政府	2013 年
丁爱牛	物质文明和精神文明建设先进个人	东郊乡党委政府	2013 年
姚　静	江苏省人口抽样调查和劳动力调查先进个人	江苏省统计局	2013 年
丁　俊	国家级青年人才计划、西安交通大学青年拔尖人才计划	中共中央组织部	2019 年
吴月秋	全市民政系统先进个人	泰州市政府	2020 年
梅宏俊	泰州市深化全国文明城市创建先进个人	泰州市委、市政府	2021 年
	泰州市优秀党务工作者	泰州市委	2021 年
冯祎鹏	江苏省第十一届运动会公路自行车男子甲组50千米团体赛冠军	江苏省第十一届运动会组委会	2022 年

后记

为全面、客观、系统记述社会主义新农村建设中取得的巨大成就，反映村落文化和农民生活，给探索新农村建设的发展经验、发展模式、前进道路提供历史智慧和现实借鉴。2021年10月，丁冯村两委决定编纂一部完整村志，留下历史资料，以鉴古明今，作为启迪后人的教材。2022年8月，主动向海陵区党史方志办公室申报并取得批准。10月，成立由村两委主要负责人组成的村志编纂委员会，明确专人负责，聘请有修志经验的人员组成修志小组，开始编纂工作。编纂人员在充分利用村档案资料的基础上，组织村中老人、老干部访谈，搜集到大量资料，经过精心筛选加工，列出编写纲要，着手编写初稿，至2023年10月完成初稿，经村志领导小组初审后，报请区党史方志办公室复审、终审。2024年9月，通过专家验收，基本符合村志出版标准。2024年11月，《丁冯村志》顺利付梓，成为建村以来最重要的文化成果之一。

《丁冯村志》编写工作得到市、区两级史志部门的关注和指导，得到上级部门和有关人员的大力支持，还得到村中热心人士提供材料和多方帮助，在此一并表示诚挚的感谢。

由于编者水平有限，书中错误和遗漏之处在所难免，敬请批评指正。

编　者

2024年11月